保险销售一本就够

基础知识 + 销售话术 + 实战技巧 + 成功案例

付 刚 ◎ 编著

中国纺织出版社有限公司 | 国家一级出版社
全国百佳图书出版单位

内 容 提 要

作为成功保险销售人员销售经验和实战技法的集成，本书以保险销售过程谋篇，从事前准备，到事中沟通，再到事后服务，针对保险销售过程中遇到的各种情境和常见问题，有针对性地介绍了相应的保险销售方法和技巧，内容全面实用。全书结构合理，内容通俗易懂，图文并茂，由作者及其团队成员搜集的大量销售训练中的模拟情境和实战案例，有助于保险销售人员深入领会、快速吸收书中内容。本书可以帮助保险销售人员在短时间内快速提升保险销售技能，全面掌握保险销售技巧，创造卓越销售业绩，成为保险销售高手。

图书在版编目（CIP）数据

保险销售一本就够：基础知识+销售话术+实战技巧+成功案例 / 付刚编著. —北京：中国纺织出版社有限公司，2020.6

ISBN 978–7–5180–7340–5

Ⅰ.①保… Ⅱ.①付… Ⅲ.①保险业务—销售 Ⅳ.①F840.4

中国版本图书馆 CIP 数据核字（2020）第 070684 号

策划编辑：于磊岚　　　责任校对：王蕙莹　　　责任印制：储志伟

中国纺织出版社有限公司出版发行
地址：北京市朝阳区百子湾东里A407号楼　邮政编码：100124
销售电话：010—67004422　传真：010—87155801
http://www.c-textilep.com
中国纺织出版社天猫旗舰店
官方微博 http://weibo.com/2119887771
佳兴达印刷（天津）有限公司印刷　各地新华书店经销
2020年6月第1版第1次印刷
开本：710×1000　1/16　印张：13
字数：175千字　定价：48.00元

凡购本书，如有缺页、倒页、脱页，由本社图书营销中心调换

许多保险销售人员都有这种认识：保险销售是容易造就销售奇迹的黄金领域，保险市场在中国正值高速成长时期，业务规模迅速扩大，市场化程度越来越高，保险业大有可为！

保险市场的前景和"钱"景无疑令人心动。但是随着保险理念的普及，国内外的保险公司如雨后春笋拔地而起，险种越来越丰富，保险销售人员越来越多，消费者越来越成熟，保险销售难度越来越大！

这使得保险销售人员常常感到迷茫和困惑：

为什么不管我使出浑身解数，客户都不买？

为什么我越殷勤，客户越疏远？

为什么我的工作已做得非常到位了，客户还是挑三拣四？

为什么险种的条件能达到客户要求，客户却还在犹豫不决？

为什么在即将达成交易时，客户突然变卦？

为什么其他保险销售人员的业绩总比我高？

为什么做保险销售人员这么难……

这一切只能从自己身上寻找答案！保险是特殊商品，促成保险成功销售的要素往往十分复杂，导致客户内心变化的内外条件也极多！保险销售人员的业绩不理想可能是其韧劲不够、态度不佳、形象不好、服务不周、反应速度慢、技巧运用不当、工作不细致……从而让客户产生疏离、疑虑、畏却、反感等一系列心理活动。

现在的保险销售工作已经成为了高难度、高技术、高技巧、高专业化的职

I

保险销售一本就够

业。作为保险销售人员，若想既满足客户的需求，又达到销售目的，就必须具备心理学家的特质、沟通高手的才智、销售大师的睿智……

彼得·伊利亚德曾说："今天你如果不生活在未来，那么，明天你将生活在过去。"销售保险，保险销售人员如果不持续不断地提升自己的能力，那么，只能永远屈居人后，成为一个落伍或最终被淘汰出局的保险销售人员。那么，保险销售人员怎么提高自己的技能呢？答案就是要学习成功的销售经验和技巧，并认真实践之，在不断实践、总结中成长！

本书集国内外优秀保险销售人员的销售经验、技法之大成，是保险销售经验的智慧库。阅读本书，能使保险销售人员少走不必要的弯路，迅速提升技能！

本书针对保险销售人员在销售保险过程中遇到的各种情境，有针对性地介绍了各种方法和技巧，内容全面而实用，是保险销售的百宝箱，也是保险销售技能提升的金钥匙。

本书考虑到保险销售人员时间紧、销售任务繁重的特点，运用通俗易懂的文字，易学易用的表格工具，让保险销售人员能花最少的时间，掌握最多的技巧，成为优秀的保险销售人员。本书既能外修，又能内练。熟读本书，将使你从容地直面历史和现实赋予的严峻挑战，并品尝到付出艰辛努力之后所带来的成功的喜悦和快感，将使你以卓越的保险销售人员的实力去面对未来的职业生涯，打造出属于自己的一片海阔天空，不断向保险销售宗师迈进！

你想在短期内成为不折不扣的保险销售冠军吗？本书将帮助你圆梦。一本保险销售的经典之作摆在你面前，千万不要错失了良机！

编者

2020 年 2 月

第一章 拉开帷幕
——保险销售准备阶段

第一节　熟悉行销的保险产品 / 2
第二节　明确职业道德和素质要求 / 9
第三节　讲究语言的艺术 / 15
第四节　仪表整洁大方 / 22
第五节　举止恰当合适 / 25
第六节　礼节完美周全 / 28
第七节　良好心态的培养 / 34
第八节　推销员的销售禁忌 / 38
第九节　确定销售目标 / 44
第十节　保险销售的主要环节 / 46

第二章　兵马未动，粮草先行
　　——拜见客户前做好准备

第一节　有的放矢——锁定客户是关键 / 52

第二节　面面俱到——客户资料要齐全 / 57

第三节　洋洋盈耳——电话预约见修养 / 60

第四节　有备而来——拜访准备要齐全 / 63

第五节　滴水不漏——拜访计划订周密 / 67

第六节　举足轻重——保险计划书的撰写 / 71

第三章　身临其境
　　——与客户面对面交流

第一节　一见如故——留下深刻的第一印象 / 78

第二节　林籁泉韵——营造和谐的交谈氛围 / 80

第三节　勇于面对——做好陌生拜访 / 84

第四节　至关重要——揣摩客户的投保心理 / 86

第五节　万无一失——确保充分的产品说明 / 94

第六节　沉默是金——耐心倾听值得重视 / 98

第七节　水乳交融——让你的客户喜欢你 / 101

第八节　重视策略——采用恰当的促销策略 / 104

第四章　进退自如
——面对拒绝我有办法

第一节　见微知著——察言观色，洞悉拒绝 / 112

第二节　洞见症结——查找原因，改变局面 / 116

第三节　见机而作——随机应变，应对异议 / 121

第四节　有备无患——准备周到，全力应对 / 128

第五节　胸有成竹——异议解决四步走 / 130

第六节　有备而来——应对方法我先知 / 132

第七节　卷土重来——再次访问，打开客户虚掩的门 / 140

第五章　马到成功
——促成客户签单

第一节　挈领提纲——促成的原则和要领 / 146

第二节　取之有道——促成的方法 / 150

第三节　立竿见影——采取有效促成交易的措施 / 157

第四节　伺机而动——把握最佳的成交时机 / 160

第五节　巧妙应对——把握成交的基本技巧 / 165

第六节　洞见底蕴——保险合同的有关问题 / 168

第六章　善始善终
——售后服务不可小觑

第一节　藕断丝连——和客户保持联系 / 174

第二节　以己度人——恰当处理客户的抱怨 / 177

第三节　一枝独秀——创造独特的服务，赢得客户的喜欢 / 181

第四节　互利互惠——实现双赢是售后服务的本质 / 185

第五节　高垒深沟——加强对客户关系的管理 / 187

第七章　锐意进取
——开拓更多客户资源

第一节　高掌远跖——客源决定你的业绩 / 192

第二节　再接再厉——高额保单客户开拓 / 195

第一章 拉开帷幕
——保险销售准备阶段

第一节　熟悉行销的保险产品

保险行业的入行门槛不高，虽然各保险公司对人员基础素质的要求各异，但对销售人员的学历一般不设过高的门槛。根据国家有关规定，要成为一名保险销售人员，在文化方面只需达到初中文化程度即可。但不要以为学历要求低就等于对保险人员的素质要求低。对于保险销售人员来说，要想取得良好的保险销售业绩，必须成为保险产品的专才和通才，必须熟悉相关的保险产品知识。因为在客户购买保险的过程中，客户会针对某些保险条款提出各种各样的问题。例如，客户可能会问保险销售人员：什么是保险金额？保险费是如何计算出来的？怎么才能知道买保险回报高还是存银行回报高？受益人可以任意指定吗？以后可以变更受益人吗？购买保险时需要个人提供哪些文件和证据，等等。诸如此类的问题，如果保险销售人员没有良好的专业知识作为基础，是很难对客户的疑问做出正确的解答的。

优秀的保险销售人员不仅要懂专业知识，还要精于此道。所谓"精"，就是不仅自己明白，还能用通俗易懂的语言让客户明白。大多数客户是通过保险销售人员的介绍对保险有所了解的，如果保险销售人员自己都不了解保险的专业知识，用含糊不明的语言回答客户疑问，客户就会对保险销售人员的专业性提出质疑："这位保险销售人员连自己销售的保险产品都不了解，我怎么还能花钱购买他的产品呢？"这样的结果，直接导致保险销售人员的形象受损，甚至连带将其在职的保险公司的形象也损毁殆尽。

保险行业的专有名词很多，许多专用的名词，其含义与人们的习惯思维有差异，保险销售人员要在介绍中忽略这些名词又是不可能的，因为这些名词是了解保险产品不可或缺的常见名词。鉴于此，本章第一节将这些常见的保险专用名词做出简单介绍。

一、保险的相关概念

（一）基本概念

保险销售人员要想学习好保险，首先必须了解保险的相关概念，下面就保险的六大基本概念做出详细定义和阐述，见表1-1。

表1-1 保险的相关概念

概念	含义	说明
风险	风险是一种客观存在的、损失的发生具有不确定性的状态	（1）风险是一种客观存在的状态。 （2）风险是与损失相关的一种状态。 （3）风险是损失的发生具有不确定性的状态
保险	保险是一种以经济保障为基础的金融制度安排	（1）经济保障是保险的本质特征。 （2）经济保障的基础是数理预测和合同关系。 （3）经济保障的费用来自于投保人所缴纳的保险费所形成的保险基金。 （4）经济保障的结果是风险的转移和损失的共同分担。 （5）保险由经济保障的作用衍生出金融中介的功能
保险金额	保险金额是保险人计算保险费的依据，也是保险人承担赔偿或者给付保险金责任的最高限额	在不同的保险合同中，保险金额的确定方法有所不同。 （1）在财产保险中，保险金额要根据保险价值来确定。 （2）在责任保险和信用保险中，一般由保险双方当事人在签订保险合同时依据保险标的的具体情况商定一个最高赔偿限额，还有些责任保险在投保时并不确定保险金额。 （3）在人身保险中，由于人的生命价值难以用货币来衡量，所以不能依据人的生命价值确定保险金额，而是根据被保险人的经济保障需要与投保人支付保险费的能力，由保险双方当事人协商确定保险金额
保险费	保险费是指投保人为取得保险保障，按合同约定向保险人支付的费用，投保人按约定方式缴纳保险费是保险合同生效的条件	保险费的计算公式： 保险费=保险金额×保险费率 如按CIF或CIP价加成投保，则上述公式应改为： 保险费=CIF（或CIP）价×（1+投保加成率）×保险费率

续表

概念	含义	说明
保险费率	保险费率（Premium Rate）是由保险公司根据一定时期、不同种类的货物的赔付率，按不同险别和目的地确定的	计算保险费的影响因素有保险金额、保险费率及保险期限，以上三个因素均与保险费成正比关系，即保险金额越大，保险费率越高，或保险期限越长，则应缴纳的保险费就越多。其中任何一个因素的变化，都会引起保险费的增减变动
保险合同	保险合同又称保险契约，它是保险关系双方之间订立的一种在法律上具有约束力的协议	保险合同的特点，主要体现在双务性、射幸性、补偿性、条件性和附和性上

（二）保险涉及的各种人

保险涉及的各种人可以分为四类，见表1-2。

表1-2　保险涉及的各种人

涉及的人	含义	举例说明
投保人	投保人又称要保人，是对保险标的具有保险利益，向保险人申请订立保险合同，并负有缴付保险费义务的人	王某出钱给儿子买了一份少儿保险，王某即是投保人
被保险人	被保险人是指其财产、利益或生命、身体和健康等受保险合同保障的人	王某给儿子买的少儿保险，被保险人即是王某的儿子
受益人	受益人也叫上保险金受领人，是指在保险事故发生后直接向保险人行使赔偿请求权的人	张某给自己买了一份意外伤害险，该险规定张某如意外死亡，保险公司将给付一定的保险金，张某指定将保险金给予他的哥哥，那么，张某的哥哥，即是本份保险的受益人
保险人	保险人是向投保人收取保险费，在保险事故发生时，对被保险人承担赔偿损失责任的人	李某从某保险公司购买了一份保险，该保险公司即是这份保险的保险人

二、保险遵循的原理

保险作为一种服务商品，由保险公司"生产"出来，经过保险销售人员销售给特定消费群体。由于保险产品自身的特殊性，其"生产"和"销售"

必须遵循特殊的原理。一般而言，保险销售人员在销售保险产品时需遵循以下八大原则，如图1-1所示。

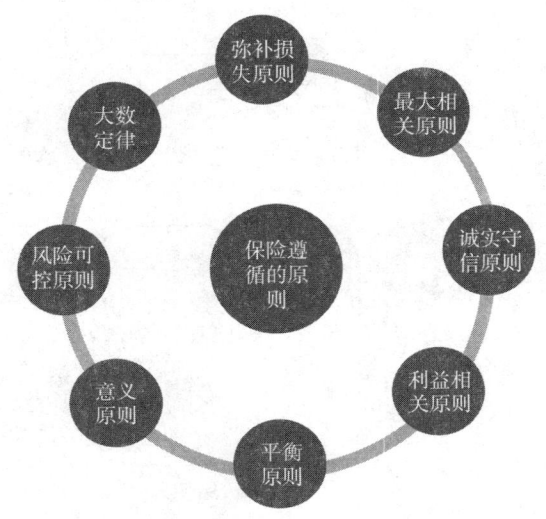

图1-1　保险应遵循的原则

（一）大数定律

大数定律是指大量的、在一定条件下重复出现的随机事件将呈现出一定的规律性和稳定性。大数定律在保险领域中的应用是：保险销售人员需尽可能多地获取统计数据，以便更准确地估计风险发生的可能性，使保险公司设计出更科学的保险产品。同时，保险销售人员还要向尽量多的人卖出赔偿或给付相接近的保险，使保险公司所承担风险的发生更接近保险公司的预计。

（二）风险可控原则

并不是所有的风险都是可控的风险，只有具有了某些特定的特征，风险才可以被保险所保。可保风险的特征一般包括以下四项，如图1-2所示。

（三）意义原则

可保的风险不是都有保险的意义，在可保风险中只有部分风险有保险的意义。有保险意义的风险，一般会有如下两个特征，如图1-3所示。

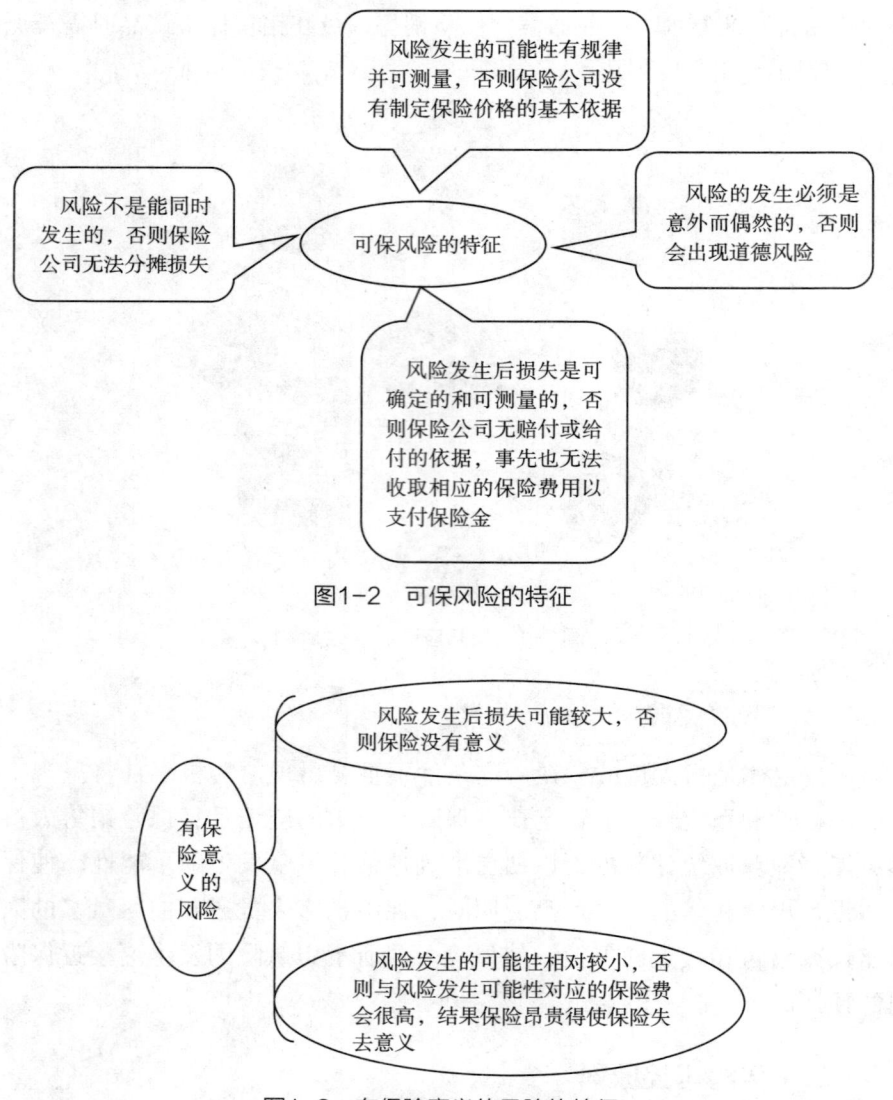

图1-2 可保风险的特征

图1-3 有保险意义的风险的特征

（四）平衡原则

平衡原则是指保险公司赔付或给付所有客户的钱加上所有保险公司运营费等项目后的钱"等于"所有客户交的钱。由于客户交钱在先，保险公司支付保险金和各种费用在后，而且支付保险金的数额受不同时间、不同领取人数的影响，因此所谓的平衡，是将不同时间的钱折算到同一时间点后构成的平衡。

（五）利益相关原则

利益相关原则是指投保人只能为同他有保险利益关系的人买保险，否则可能会发生道德风险。同投保人有保险利益关系的人通常为投保人本人、配偶、父母、子女、赡养或抚养者等人。

（六）诚实守信原则

保险销售人员在和客户订立和履行保险合同时必须遵守最大程度地诚实、守信原则。之所以保险非常强调保险销售人员要诚实、守信，是因为被保险人远离保险公司控制范围，而保险合同的专业释义又使得投保人不易理解。

（七）最大相关原则

最大相关原则是指当客户发生风险时，保险公司只能以引起风险发生的最直接、最有效、最起决定作用原因为依据，赔偿或给付保险金。

（八）弥补损失原则

弥补损失原则是指风险发生后，保险公司给付的保险金不能使被保险人从中获利，但要在保险合同规定的范围内使被保险人的损失得以弥补。

三、保险的种类

随着我国保险事业的发展，保险的种类日益增多。根据不同的标准，保险可分为若干种类。不同种类的保险具有的特征不同，法律调整的方法也不同。在实践中，常见的保险主要有以下几类，见表1-3。

表1-3 保险的种类

划分标准	种类	具体说明
按投保主体划分	个人保险	以个人为对象的保险。一张保险单只针对一个人保险
	团体保险	以单位团体为对象的保险。虽然团体中有许多人，但保险单却只有一张。一般来说，可以将团体保险理解成批发的保险
按保险性质划分	社会保险	提供基本保障，由国家强制实施的保险
	商业保险	提供较为丰富的保障，主要是由个人和单位根据自己的需求，自由地向保险公司购买的保险

续表

划分标准	种类	具体说明
按保险期限划分	长期保险	保险期限在一年以上的保险称为长期保险
	短期保险	一年以下（含一年期）的保险称为短期保险
按有无分红划分	分红保险	分红保险一般比无分红保险贵一些，但日后可以从保险公司领取到一些不确定的红利
	无分红保险	无分红的保险则相对便宜一些，日后没有红利可分
按保险的功能划分	保障型保险	重点提供死亡、疾病、意外伤害的保险。例如意外伤害保险、重大疾病保险等
	储蓄型保险	重点提供日后到某个时间的生存保险金的保险。例如少儿教育保险、各种两全保险等，都是典型的储蓄型保险
	投资型保险	有分红功能的保险，或是人们交的保险费被明确分开，其中部分保险费放于专门的投资账户的保险

四、保险销售人员必备的保险知识

随着社会的发展，保险行业对销售人员素质要求日益提高，不仅要求其具备基本的保险知识，还要求掌握投资理财、法律等相关知识。保险销售人员只有与时俱进，才能成为一名优秀的销售人员。保险销售人员必备的保险知识见表1-4。

表1-4 保险销售人员必备的保险知识

知识	具体解释
投资理财知识	股票、基金、外汇、期货、房地产、黄金、投资策略和投资产品的相关知识
法律知识	保险法规、税法、民法、合同法等相关方面的知识
产品知识	客户更喜欢能为其提供最大信息的保险销售人员，更愿意相信精通保险产品、表现出权威性的保险销售人员
公司知识	公司的历史、规章制度、服务项目以及公司在同行中的地位等。掌握公司知识，既能够满足客户在知情权上的相关要求，又能够配合公司的整体目标开展工作
市场知识	保险销售人员应掌握丰富的市场知识、市场营销及产品推销的策略和方法、市场调研与市场预测的方法、消费心理及购买行为的基本理论等专业知识
人际交往知识	保险销售人员的工作就是与人打交道。要想使客户接受自己推销的保险产品，必须首先使客户接受保险销售人员本身，建立个人良好的人际关系

 **特别提示**

（1）保险是一种以经济保障为基础的金融制度安排。经济保障是保险的本质特征。

（2）保险销售人员应熟练掌握与保险相关的六大概念、保险合同涉及的四类人的特征等知识，并能用通俗易懂的语言回答客户提出的相关问题。

（3）保险种类繁多，划分标准不一，保险销售人员仅掌握五类划分方法即可。

（4）保险销售人员不仅需要具备保险行业知识，还需要具备法律常识、开拓市场等专业知识，如此才能无往而不胜。

第二节　明确职业道德和素质要求

保险销售人员的职业道德准则，是反映在中国特色社会主义制度下，保险销售人员在其职业生涯中应当遵循的思想和行为的道德标准，主要有下列四条，如图 1-4 所示。

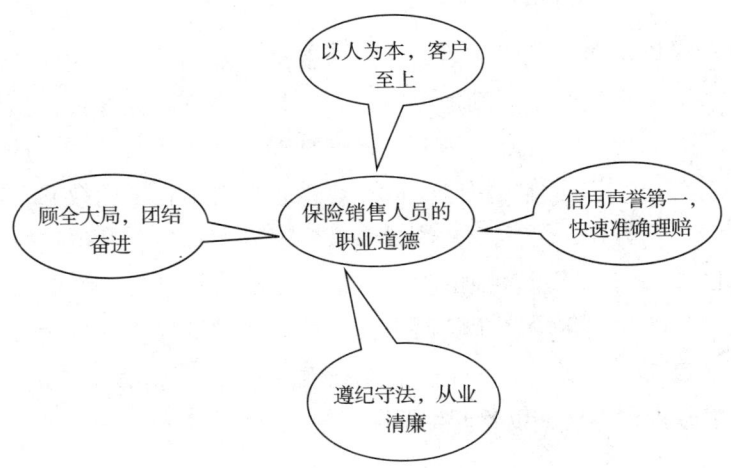

图 1-4　保险销售人员的职业道德

一、以人为本，客户至上

客户或投保人是保险销售人员积累业绩的唯一源泉，也是保险业服务的基本对象。对于保险销售人员而言，以人为本即是以客户或投保人为本，做到客户或投保人至上，让客户或投保人享受到专业的讲解和优质的服务，具体要做到以下四点，如图1-5所示。

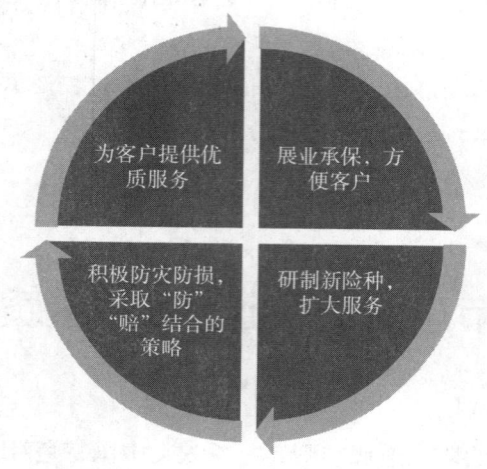

图1-5　以人为本，客户至上的要求

（一）为客户提供优质服务

为客户提供优质服务不应当只是停留在喊口号的阶段，而应该成为一个保险销售人员工作的基本原则加以执行，并贯彻到底。为客户提供优质服务包含以下几方面内容：保险销售人员始终把客户利益放在首位，从客户的需求出发，向客户推荐适合的保险产品；尊重客户自主自愿的权利，不越位代客户做主；尊重客户，与客户交谈时态度应诚恳、热情，礼仪得体；尊重客户所在地区的民俗，尊重客户的生活习惯，不能因自己的工作而干扰客户的正常生活，使客户对保险产生负面想法；在客户缴纳保费前与之后，保险销售人员的态度都必须始终如一，不要在缴纳保费后，就对客户提出的问题、该享受的服务置之不理，以免产生恶劣影响。

（二）展业承保，方便客户

展业承保，是保险销售人员活动的重要内容。它包括保险销售人员需完成积极宣传保险产品、动员客户投保、帮助投保人完成承保手续、处理保单变动及续保退保、凭证资料整理等一系列工作。在从事这些职业行为时，保险销售人员必须遵循主动、高效、严谨的原则，以方便客户了解保险产品。"主动"即指保险销售人员主动登门为客户服务，免去客户抽出专门的时间去保险公司营业大厅排队了解产品的麻烦，为客户提供方便；"高效"即指保险销售人员介绍保险产品、为客户办理各种手续的工作效率高，为客户节省时间；"严谨"即指保险销售人员必须对工作持认真负责的态度，防止因为一时疏忽，导致工作出错，致使客户利益受损。

（三）积极防灾防损，采取"防""赔"结合的策略

保险的主要作用是防灾防损，同时保险还具有修补、还原及稳定的功能，对个人、家庭及社会皆有积极贡献。保险防灾防损的意义在于，保险销售人员通过对消费者防灾防损服务，把消费者的利益跟保险职业主体的利益在更高层次上结合起来，并在经营上把"防"与"赔"结合起来。此举既可减少社会财富的损失，又为降低个人费用、拓宽保险社会基础创造前提条件，充分体现出"人民保险为人民"的宗旨。

（四）研制新险种，扩大服务

研制新险种是一项以创造性的劳动适应社会新需求的服务方式，它扩大了保险范围，深化了服务层次。保险销售人员站在销售的前沿，接触众多客户，对客户的需求也最了解。因此，销售人员有义务将客户的需求，某些保险条款存在的缺陷告知公司的保险研发人员，以便其研制出更多吸引客户的新险种。当然，新险种的研制和推广需要采取科学和谨慎的态度。

二、信用声誉第一，快速准确理赔

在保险业务活动中，展业是基础，理赔是关键。理赔是保险社会补偿职能的实现方式，它既关系到客户的利益，也关系到保险职业群体的信誉。理

赔包括灾情查勘、灾损核定、赔款计算、赔款给付、损余物资处理及代理等一系列职业行为。"快速准确理赔"是对理赔服务的基本要求，也是保险职业群体赢得信誉的保证。保险销售人员要实现快速理赔，需做到以下三点，如图1-6所示。

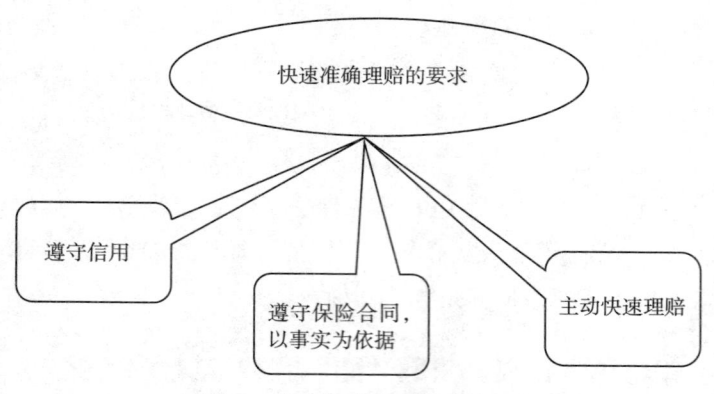

图1-6　快速准确理赔的具体要求

（一）遵守信用

保险理赔行为具有分散性、较多的自我性和群体约束力相对弱化的特点。因此，对于理赔服务质量的保证和保险信誉的维护，在很大程度上取决于理赔人员自我约束能力的强弱，取决于保险销售人员是否具有高度的道德责任感。

（二）遵守保险合同，以事实为依据

理赔准确性，是以保险合同规定的条款为准绳，以标的灾损的确凿事实为依据，并把两者合乎逻辑地结合起来而得出的定性结论。遵守合同，就是要求保险销售人员具有较强的法制观念，不歪曲条款内容，向客户准确解释条款，并严格按照保险合同的规定执行；在理赔过程中，在客户不知情的情况下，保险销售人员不蓄意隐瞒对客户不利的条款，实事求是、深入细致地调查，如实将灾损实情反映上去，这两点要求是实现合理理赔的前提条件。

（三）主动快速理赔

理赔速度的快慢，直接关系到客户的利益，也关系到保险公司的信誉问

题。因此，理赔中的"主动快速"同理赔的准确性一样，是保险销售人员职业道德准则中具有特殊意义的道德要求。

三、遵纪守法，从业清廉

在保险销售行为中，保险销售人员除遵守国家宪法和法律、纪律、制度外，还必须严格执行保险法规、保险活动纪律等。"从业清廉"是指保险销售人员在保险业务活动中，要始终保持勤俭节约、廉洁奉公的高尚品质。实现"遵纪守法、从业清廉"的具体要求，如图1-7所示。

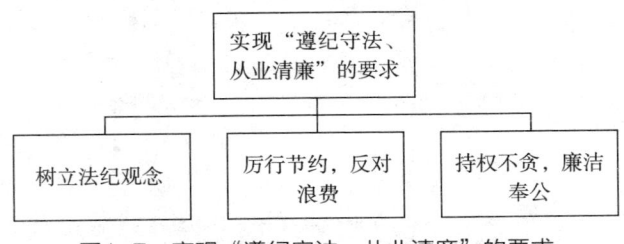

图1-7 实现"遵纪守法、从业清廉"的要求

（一）树立法纪观念

首先，保险销售人员必须认真学习、领会有关保险销售的相关法律法规，明确与自己的职业行为密切相关的规范要求；其次，要把法纪意识化为内在信念，在心理上树立法纪观念，自觉遵守《中华人民共和国合同法》《中华人民共和国会计法》等法规，严格执行劳动纪律、财经纪律和理赔纪律。

（二）厉行节约，反对浪费

勤俭节约是我国劳动人民的传统美德，坚持勤俭节约就能同人民群众在感情上息息相通，保持劳动人民的本色。我国保险事业还处于创业阶段，部分销售保险人员通过自己的努力，获得了高额的销售提成，但由于其站在风头浪尖，就必须厉行节约，反对浪费，保持和发扬勤俭节约的传统美德，以自身的实际行动，在客户心中留下良好的形象。

（三）持权不贪，廉洁奉公

作为保险销售人员，一定要将客户视为上帝，并始终告诫自己：只有为客户谋福利的义务，而无以权谋私的权利。树立起"廉洁、服务、公正"的职业道德风尚，做到持权不贪、廉洁清正，以高尚的情操、正直的品质，全心全意地为客户服务。

四、顾全大局，团结奋进

所谓"顾全大局"，就是树立整体观念和全局观念。把全局利益、整体利益放在首位。就保险行业发展而言，保险职业群体内部关系的状况和整体结合程度都十分重要。当群体内部团结和谐、凝聚力强时，群体的整体素质就会大大提高，从而增强其适应外部环境的能力，获得较快的发展。基于此，每个保险销售人员都应具有全局意识，在选择自己的道德行为时，要从团队整体利益出发。保险销售人员顾全大局，团结奋进的具体要求有三点，如图1-8所示。

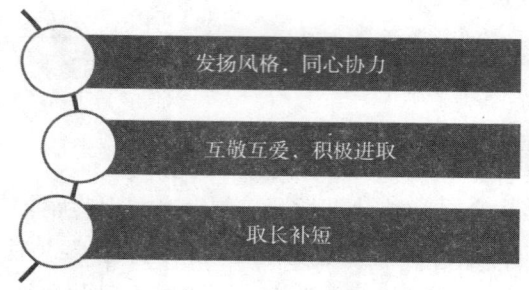

图1-8　顾全大局，团结奋进的具体要求

（一）发扬风格，同心协力

保险行业作为一个系统，其个体与群体、局部与整体之间，客观地存在着"荣辱与共，休戚相关"的内在联系。因此，每个保险销售人员都应关心全局、了解全局。识大体讲风格，正确处理个人与个人、个人与组织、部门与部门、下级与上级之间的关系，与其他同事同心协力地维护和促进团队利益。杜绝任何钩心斗角、各行其是、不服从分配、相互推卸责任的行为发生。

（二）互敬互爱，积极进取

保险职业群体内部最基本的关系就是人与人之间的关系。这种关系是平等的、同志式的，其本质特征，就是为了一个共同的目的，相互关心爱护，共同提高。人与人的关系可分为纵向和横向两个方面。在纵向关系上,上下级之间要彼此尊重,领导需平易近人,平等待人,充分实行民主;下级则应支持领导工作,体谅领导困难;在横向关系上,同事间团结共事,相互支持,相互帮助,共同打造团结、和谐的工作环境。保险销售人员积极尽职,比干劲、比能力、比贡献,以积极的心态开展良性竞争,推动整体不断前进。

(三)取长补短

保险销售人员应正确对待同事的优缺点,善于取其之长,补己之短,对同事的缺点,应主动进行帮助,由此相互促进、达到共同提高的目的。

特别提示

(1)保险销售人员应遵循严于律己、宽以待人的原则,遵守职业道德,为客户提供优质服务。

(2)保险销售人员应努力提高自身素质,树立大局观念,团结同事,积极推动团队的发展。

第三节 讲究语言的艺术

语言艺术对于保险销售人员的业绩有着至关重要的影响。事实上,保险销售人员所拥有的客户关系资源,发展新客户以及进一步开拓市场,都必须依靠语言来完成。保险作为一个典型的联系千家万户的服务行业,在与客户接触的过程中,更多依靠的是保险销售人员的语言沟通能力。保险销售人员要想顺利完成工作,就必须拥有良好的语言表达能力。下面介绍几种保险销售人员常用的语言艺术(图1–9)。

图1-9　保险销售人员常用的语言艺术

一、灵活应变

保险销售人员每天都要面对不同的客户，这些客户从事着不同的职业，他们的性格、教养、行为方式也不同。因此，在销售保险的过程中，保险销售人员与客户对某些观点、问题产生不同看法是必然的，难于避免的。这时，保险销售人员处理、化解矛盾的语言艺术就显得非常重要了。保险销售人员既要充分尊重客户，同时也需运用技巧表达出自己的观点、看法，以便取得销售成功。处理矛盾，应对危机的语言艺术，没有一成不变的万能药，而是取决于客户的实际情况和具体语境，保险销售人员要在谈话中仔细聆听，巧妙回答，方能走出困境。

客户："公司为我们上了社保医疗保险，不必再买医疗保险了。"

保险销售人员："您享有公费医疗，而且你们公司效益也不错，可以顺利报销医疗费用，看来似乎没有必要再投商业医疗保险，但能问您一个问题吗？"

客户："可以，你问吧。"

保险销售人员："你们单位报销医疗费用是全额报销吗？"

客户："不是，需要个人分担一定比例的费用。"

保险销售人员："对啊，在医疗费用高涨的今天，这一定比例的医疗费用依然很高，并且，如果您生病住院治疗，在此期间您的工资奖金肯定会受到影响，出院后还需要一定时间的疗养，单位医疗是不会帮您弥补这些损失的。所以，即使您享有基本的社保待遇，还是有购买商业医疗保险的必要。"

二、从"会说话"到"说对话"

某些保险销售人员认为销售最重要是"能言善辩",然而,这种理论是站不住脚的,因为现在的消费者获取的信息多,不是仅靠保险销售人员"会说话"就能将其轻易说服的。这就要求保险销售人员不仅"会说话",还要"说对话"。

事实上,"会说话"与"说对话"之间是有相当差异的。"会说话"的保险销售人员,不管与谁交谈都能天马行空、侃侃而谈,这种谈话方式的内容比较广泛,没有侧重点;相比之下,能"说对话"显得较为困难,因为保险销售人员要想"说对话"必须经过事前不断练习才能达到。

客户:"保险就是骗钱。"

保险销售人员:"难道说您被骗过?"

客户:"我没被骗过,但我邻居上当了。去年他在一家保险公司购买了一份意外伤害险,今年他因为登山时不慎摔骨折了,那家保险公司居然说他的情况不能获得赔偿,这不是骗人是什么?我可不买保险了。"

保险销售人员:"保险不是骗人的把戏,这一点请您放心。保险是受国家法律认可和保护的,我分析您邻居无法获得赔偿的原因可能是他在买保险时,没有认真阅读保险条款,误认为出任何意外,保险公司都会赔偿的。这件事情给您一个错觉,认为保险公司不理赔,保险是骗人的。其实在买保险时,客户应花时间详细了解保险条款,一旦出现问题,才能清楚知道哪些是保险公司应该赔偿的,哪些是只能自己承担的,所以,我真心希望您能认真阅读我给您做的保险条款,有不明白的地方,我非常乐意为您解答。"

三、学会倾听

倾听客户的谈话是保险销售人员语言交流的一个重要技巧。倾听是保险销售人员对客户的一种尊重,它能帮助保险销售人员深入了解客户的需求。在保险销售工作中,有部分保险销售人员存在这种情况:先以问题引导客户发言,在客户说话时,用"嗯""啊""你说得对"和点头认可的方式表示自己正专注地倾听客户说话,然而,他们的心思却不知道飘到哪儿去了。像这种要小聪明,不认真倾听客户的保险销售人员,最终会因为无法获知客户真正的需求,无法为客户提供适合其需求的产品,而遭到客户的拒绝。

现代保险的营销观念强调保险不仅是一种商品,更是一种与客户切身相关的服务,如果保险销售人员不能耐心倾听客户说话,弄清客户的真正需求,并适时地为客户介绍一款适合其需求的保险产品,就无法顺利与客户达成交易。因此,保险销售人员在倾听客户说话的过程中,必须注意四个问题,如图1-10所示。

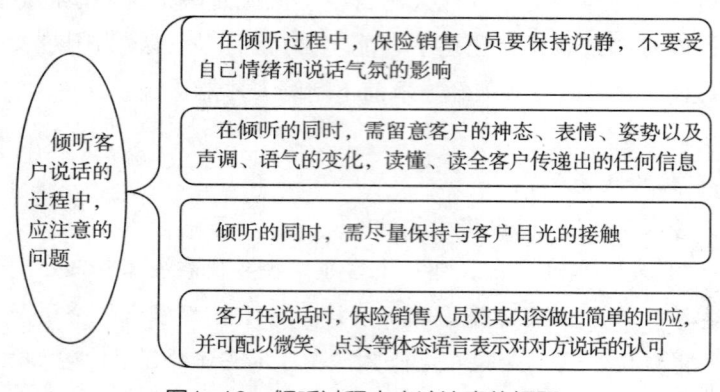

图1-10 倾听过程中应该注意的问题

四、会使用体态语言

体态语言是非语言的一种表达方式,它是辅助谈话最有效的工具。保险销售人员通常可以通过运用手势、姿势、眼神、面部表情等身体姿态来代替语言传递信息,达到销售的目的。事实上,在保险销售人员与客户交谈的时候,除了关注客户说话外,对客户的一举一动、一颦一笑也必须十分留意,并能从中听出"弦外之音"。因此,保险销售人员在与客户交谈时,不仅要自己使用适当的体态语言,还要学会从客户的体态语言中,了解更多的客户信息,以便能够洞察先机,为下一步做好准备。体态语言是继"外表印象"之后,能够成功获得客户信任的又一大关键。体态语言作为"非语言传播"的一种,有三种主要的形式,如图1-11所示。

第一章 拉开帷幕——保险销售准备阶段

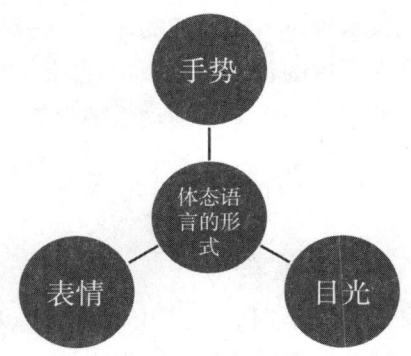

图1-11 体态语言的形式

（一）手势

保险销售人员在交谈时，运用手势可以加强其说话的语气，并能够引起客户对谈话内容的注意，增强谈话内容的可信度。但保险销售人员应注意，手势动作是用来辅助语言的，而非喧宾夺主，过多的手势动作容易转移客户的注意力，而忽视谈话内容。另外，在某位喜欢说话带手势的客户面前，保险销售人员必须收敛自己的动作，不然容易引起客户的不满，造成气氛紧张。

（二）目光

保险销售人员在和客户谈话时，目光要直视客户，这是起码的谈话礼貌，同时直视客户也容易从客户的目光中察觉到客户思想、感情上的变化。

在与客户交谈时，如果保险销售人员的眼光四处游移，会让客户认为其不自信，不懂得基本的礼貌。因此，保险销售人员不仅要自己练就一双"会说话的眼睛"，还要从客户的眼睛中，读出没说出口的话。例如，客户的目光常与你的目光接触，表明他正在专心地听你说话；如果客户目光四处游移，一副心不在焉的样子，表明他可能对你的话题不太感兴趣，这时保险销售人员应将话题引至客户感兴趣的问题上去。

（三）表情

保险销售人员作为服务性行业的一员，微笑是最基本的要求。微笑是人的内心情感的一种面部表现，也是形体语言的一种形式。与其他形体语言相比，微笑更具有感染力，能缓和谈话气氛，消除保险销售人员与客户间的心理隔阂，是保险销售人员自谦、恭让精神的体现。一个保险销售人员若口才有所欠缺，也不具备讨人喜欢的容貌，那么，可以用真诚的微笑来弥补这些缺陷。不过，微笑也需掌握好分寸，动不动就咧嘴笑，只能被别人视为谄媚之人。

五、掌握谈话节奏

保险销售人员在和客户交谈时，语气应始终保持柔和，避免大声说话，避免发出刺耳的高音。被客户强硬拒绝时，保险销售人员也不能使用强硬态度和不中听的语言与客户争执，而应始终保持冷静、客观，以一种商量的口吻与客户沟通。

保险销售人员应掌握好谈话的节奏，做到语速适中。语速太慢，容易使客户没有兴趣听下去；语速太快，易造成客户听不清保险销售人员讲述的内容。保险销售人员应在说话中有意识地运用停顿，并将重点内容巧妙地加以重复。恰到好处地停顿会使客户有时间回顾对保险销售人员有利的销售信息，而重复则会将产品的特点深深留在客户的脑海里。

六、善于诱导

诱导的语言艺术，是指保险销售人员根据客户购买保险的心理，引导客户的思路与自己的思路同步，激发和增强其购买保险的欲望，最终把客户的购买意向转化为购买行为，促使保险交易成功。诱导不是让保险销售人员长篇大论地解说，而是指保险销售人员应针对客户谈话中流露的某些信息，站在客户的立场上思考问题，找出具有说服力的语言最终说服客户购买保险。所以，从某种意义上说，诱导是介绍的延伸和发展，是促销语言艺术的集中体现。从表达上看，诱导没有固定的模式，保险销售人员应根据客户的心理，找准说话的角度，捕捉最佳时机，进行有针对性的语言诱导。

客户："我们已经给孩子买了保险，大人就没有必要买了。"

保险销售人员："孩子是您的希望，确实需要保障。李先生，那我可不可以问您一下，孩子一般由谁来照顾呢？家庭的重担落在谁身上呢？"

客户："当然是做父母的。"

保险销售人员："那如果父母遭遇意外事故，孩子由谁来抚养呢？父母是家庭的顶梁柱，顶梁柱如果塌了，家庭必然会陷入一场危机中，经济必然垮掉，进而危及到子女的生活。在这种情况下，很可能连为孩子缴纳保险费的钱都没有了。李先生，对于这种情况，您难道不担心吗？还有一个典型的例子，您听说过20世纪90年代，国内寿险市场爆出的一个惊人新闻：10个月婴儿就成百万富翁吗？"

客户："10个月婴儿就能成为百万富翁？不可能吧？"

保险销售人员："那个婴儿在出生10个月时，父母被一场车祸夺去了生命，可是因为婴儿的父母都买了保险，中国人寿保险公司按保险条款规定，需要向婴儿支付106.3万元的保险金。这个案例很悲惨，但它却揭示了真相：婴儿的父母虽然不幸去世了，可是他们的爱凭借着保险公司的保单得以在人间延续，他们的孩子可以有足够的金钱，在亲戚的抚养下长大成人，这也算不幸中的万幸吧。"

特别提示

（1）灵活应变的语言艺术，要求保险销售人员仔细观察谈话形势，随机应变，采用合理恰当的攻心策略，激发客户的购买欲望，再予以巧妙引导来达成最后交易的目的。

（2）"会说话"要求保险销售人员多听少说，对于无把握办到的事最好不说，看场合说话；而"说对话"要求保险销售人员在话未出口前应先思考一下，将要说的话理出头绪，分出几个要点来，切勿莽撞地脱口而出。

（3）认真、有效的倾听可以为保险销售人员提供许多成功的机会，但前提是客户愿意表达和倾诉，为此，销售人员必须用巧妙提问、核实客户发出的重要信息、及时回应客户等方式引导、鼓励客户多说。

（4）使用体态语言，要求保险销售人员用热情的眼神感染客户，用真诚的微笑打动客户，用得体的动作博得客户的好感。

（5）掌握谈话节奏，要求保险销售人员说话的语速快慢、语调高低、急缓均需配合客户，即将自己的说话频率调节至和客户一致的状态，如此，客户很容易对保险销售人员产生亲切感，为达成交易做好铺垫。

（6）诱导的语言艺术，要求保险销售人员在诱导客户时做到不露痕迹，避免引起客户的反感。

第四节　仪表整洁大方

在销售行业中，人际关系是事业成功的重要条件，保险销售人员在与客户交往时，留给客户的第一印象至关重要。而在初次接触时，客户对保险销售人员第一印象的好坏，完全取决于保险销售人员的仪表，整洁大方的仪表定能让保险销售人员在客户心中留下良好的印象。

一、得体的衣着打扮是仪表的第一要素

从某种程度上说，得体的衣着打扮对于保险销售人员的作用相当于精美包装对于商品的作用。所谓得体的衣着打扮，并非是要求保险销售人员衣着华丽。事实上，华丽的服饰不一定适合所有的人、所有的场合，而且也不见得会得到客户的认同。保险销售人员必须根据年龄、形体、场合的不同，选择合适的衣着。保险销售人员衣着得体的具体要求见表1-5。

表1-5　衣着得体的具体要求

要求	说明
不同的年龄服饰穿着应不同	年龄较大的保险销售人员应着深色正装，才能让其沉着中透着稳重，成熟中显出端庄。 年轻的保险销售人员应选择以淡雅为主，布料以厚挺为佳的西装
不同的形体服饰穿着应不同	身材较胖的保险销售人员适合穿深色正装，肤色黑的保险销售人员也宜穿深色正装。 身材较瘦的保险销售人员适合穿浅色正装，肤色白的保险销售人员也宜穿浅色正装
不同的场合服饰穿着应不同	保险销售人员去客户的办公室与其会面时，应着正装。 保险销售人员去客户家拜访或参加客户举办的非正式家庭聚会时，可酌情考虑穿休闲装

二、仪表细节让你绽放活力

保险销售人员除了注意按年龄、形体、场合的不同选择合适的衣着外，还必须注意仪表细节。下面将男性和女性的仪表细节详细列出，保险销售人员可按此检查自己的仪表是否合乎标准。

（一）男性保险销售人员的仪表

男性保险销售人员的仪表细节见表1-6。

表1-6　男性保险销售人员的仪表细节

细节	说明
头发	头发长短适中，最好不要剃成光头。发型不要太过新潮，但要有时尚的感觉，不能太落伍
胡子	最好不要留胡子，留胡子会给客户留下不修边幅、不专业的感觉
指甲	不留长指甲，因其不卫生，且容易让女性客户反感
刺青	刺青容易令客户想到电影中的黑帮，使客户产生恐惧感
项链	在拜访客户时最好不要配戴项链，因为项链容易引起客户反感
皮鞋	穿西装一定要穿皮鞋，而且皮鞋一定要干净发亮
西装	穿西装时，除了上衣左胸部位的口袋可以放置一块手帕做装饰物之外，其他外部口袋包括西裤的后口袋都不宜放任何物品（钱包、钢笔、名片夹等），有物品最好放在公文包里。 在正式的场合，穿西装需打领带，在非正式场合可以不打
精神面貌	在和客户谈话时，保持良好的精神状态。切勿睡眼蒙眬，哈欠连天，萎靡不振，这些都影响客户与之谈话的兴趣

（二）女性保险销售人员的仪表

女性保险销售人员的仪表细节见表1-7。

表1-7　女性保险销售员的仪表细节

细节	说明
头发	发型应以中庸为原则，不要梳理复杂的发髻，以免给人太过正式的感觉，更不能选择怪异的色彩和造型
化妆	化淡妆，口红颜色不宜过浓，以浅色为好
指甲	不留长指甲，如果抹指甲油宜选用本色
配饰	可以戴与服饰搭配的项链、耳坠，但款式不宜太过复杂

续表

细节	说明
职业装	最好穿西装套裙，会显得落落大方
高跟鞋	穿与职业装相配的高跟鞋，会显得更加职业
长筒袜	丝袜须高于裙子下摆，无论是坐还是站，都不能露出大腿的皮肤，穿丝袜尤其要注意不能有走丝或破洞的情况

三、了解客户让你衣着更光鲜

保险销售人员应在了解客户的前提下选择自己的衣着打扮，如此才能有的放矢地博得客户的好感。

（一）了解客户

所谓了解你的客户，是指保险销售人员要了解与客户相关的一切情况。例如，一位保险销售人员经常戴一副黑边眼镜，天热容易出汗，眼镜非常容易滑落，需要经常用手去扶，客户常常以此来取笑他。很显然，客户希望这名保险销售人员能换一副眼镜，以良好的形象来吸引他。

（二）贴近客户

在大多数场合，保险销售人员都需要衣着专业地去拜访客户。专业的装束首先要求销售人员装扮整洁，衣鞋干净，坚决杜绝一切不雅、不洁的衣着方式。一个满脸胡须、蓬头垢面、衣冠不整的保险销售人员是绝对无法赢得客户的尊敬与信任的。

（三）不要太突出

保险销售人员应避免穿奇装异服。应选择雅致、得体的服装，才能表现出保险销售人员的品位、修养；而尺寸不对的服装，或奇装异服都会使客户对保险销售人员的品位、修养提出质疑，并对其产生厌恶感。

特别提示

（1）保险销售人员在选择衣着服饰时，应注意服饰必须整洁、明快，服饰与鞋子的搭配也必须和谐。要想做到这一点，保险销售人员平时应多留心身边气质不凡的上司或同事，多看专业指导职场中人衣着的杂志或电视节目等。

（2）保险销售人员应多从侧面了解客户对衣着的喜好，将客户对衣着的喜好作为自己穿衣的标准，以此吸引客户，引起客户好感。

第五节　举止恰当合适

保险销售人员在与客户交谈中的举止、姿态都向客户传达着丰富的信息，客户依靠这些信息对保险销售人员做出评价。

保险销售人员的姿态、举止主要表现在其使用的手势、坐姿、眼神三个方面。

一、手势

身体语言中手的作用最为重要，保险销售人员若能在与客户沟通中善用手势，必定能提高说话的力度，实现销售的目的。下面将讲述一些常见的手势礼仪。

（一）大小适度

在社交场合，保险销售人员应注意讲话时手势的大小幅度。手势的上界一般不应超过客户的视线，下界不能低于自己的胸区，左右摆的范围不宜过宽，应在胸前或右方进行。一般场合，手势动作幅度不宜过大，次数不宜过频，尤其是同样一个手势不宜重复多次。

（二）自然亲切

手势可以反映保险销售人员的修养、性格。保险销售人员在与客户沟通时，宜多用柔和的曲线条手势，少用生硬的直线条手势，以求拉近心理距离。

（三）避免常见的不良手势

保险销售人员应避免常见的五种不良手势，如图1-12所示。

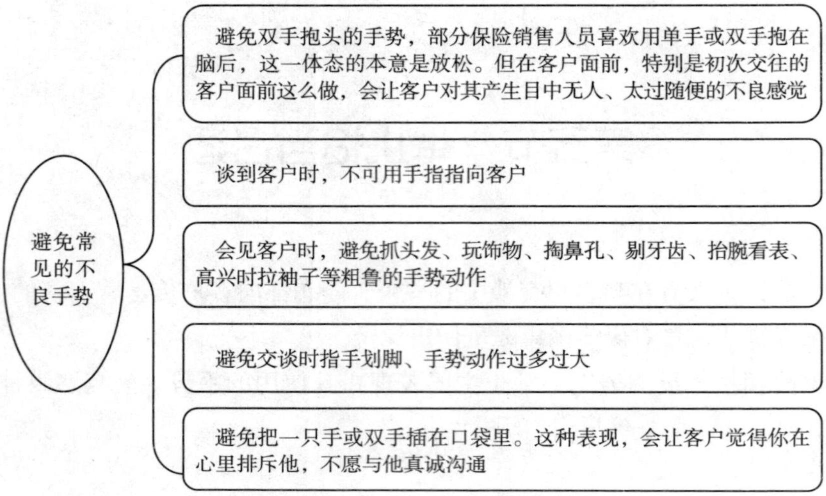

避免常见的不良手势：

- 避免双手抱头的手势，部分保险销售人员喜欢用单手或双手抱在脑后，这一体态的本意是放松。但在客户面前，特别是初次交往的客户面前这么做，会让客户对其产生目中无人、太过随便的不良感觉
- 谈到客户时，不可用手指指向客户
- 会见客户时，避免抓头发、玩饰物、掏鼻孔、剔牙齿、抬腕看表、高兴时拉袖子等粗鲁的手势动作
- 避免交谈时指手划脚、手势动作过多过大
- 避免把一只手或双手插在口袋里。这种表现，会让客户觉得你在心里排斥他，不愿与他真诚沟通

图1-12　避免常见的不良手势

（四）标准握手礼仪

握手，是见面时最常见的礼仪。行握手礼其实并不复杂，但却十分微妙。作为一个细节性的礼仪动作，做得好，好像看不出有什么显著的积极效果；做得不好，却能突兀地显示出负面效果。因为不懂握手礼仪而遭遇尴尬的场面，是任何保险销售人员都不愿意遇到的事情。所以，保险销售人员必须掌握标准的握手礼仪，避免因此带来的负面效应。

保险销售人员的握手握得正确与否，可以看动作是否符合以下要点，见表1-8。

表1-8　标准握手礼仪

握手礼仪	具体说明
握手先后顺序	一男一女见面时，女士先伸手
	应由主人、年长者、身份职位高者先伸手；客人、年轻者、身份职位低者可先问候对方，待对方伸手后再握
	营销交往中无论谁先向保险销售人员伸手，即使他忽视了握手礼的先后顺序，保险销售人员都应看作是友好、问候的表示，应立即伸出手与之相握。保险销售人员应明白拒绝他人的握手是极其不礼貌的

续表

握手礼仪	具体说明
握手的时间把握	握手时间的长短可根据握手双方亲密程度灵活掌握
	初次见面时，握手不应超过5秒钟，否则会引起客户反感
	不宜只与某一个人长时间握手，否则会引起他人误会
	握手需有力度，避免蜻蜓点水似的握手

（五）握手的神态表情及注意事项

保险销售人员不仅需要注意规范握手的礼仪，还必须把握好握手时的神态表情及注意事项，见表1-9。

表1-9　把握好握手时的神态表情及注意事项

神态表情	注意事项
双目注视对方	在多人握手的情况下，注意不要交叉握手
上身微微前倾，趋向于对方	在普通的营销活动中，与客户握手时均不应戴手套
面带笑容，表现出热情、友好	当自己的手不干净时，应亮出手掌向对方示意声明，并表示歉意
与人握手，神态要专注	握手应是双方相握的两手上下抖动，而不能是左右晃动

二、坐姿

俗话说"坐有坐相，站有站相"。保险销售人员在与客户洽谈时，恰当的坐姿是非常重要的。

当客户邀请保险销售人员坐下时，保险销售人员首先要表示谢意，再就座。就座时，应坐满整个椅面，但背部不可靠着椅背，应采取稍微前倾的姿势。这种坐姿一方面能够向客户传达对谈话内容肯定的意思，另一方面有助于客户下定决心与其合作。保险销售人员在就座时，膝盖应张开约一个拳头的距离，切勿将双腿并拢，但也不可张开太大。

三、眼神

对于保险销售人员来说，透视客户的眼睛，读懂客户的潜台词是最为常用的销售手段，对销售的成功有促进作用。但是直接观察客户的眼睛而被客户发现是件不礼貌的事，易遭到客户的反感。正确的做法如图1-13所示。

◆与男性商谈时，视线的焦点要放在对方的鼻子附近；如果对方是已婚女性，就注视对方的嘴巴；假如是未婚的小姐，则看着对方的下巴
◆视线范围亦可扩大至对方的耳朵及领结附近
◆聆听或说话时，可偶尔注视着对方的眼睛
◆把自己双眼视线放在对方的一只眼睛上，会使对方产生柔和的感觉

图1-13　保险销售人员透视客户眼睛的正确做法

特别提示

（1）礼仪作为一种文化形象，是人性美和行为美的结合，是道德、习惯、风俗、禁忌的综合体现。把礼仪贯穿于销售活动中去，使销售活动转化为心理和情感上的交融，成为能够满足心理需要的经济活动，是保险销售人员销售行为能否成功的内在因素。

（2）保险销售人员的销售礼仪是其在销售活动中应遵循的行为规范和准则。它指导和协调保险销售人员，在销售活动中实施有利于处理客户关系的言行举止。

第六节　礼节完美周全

保险销售事业的发展，需要保险销售人员在销售网络中聚合更多的人气，要促成这种聚合，就需要保险销售人员向更多的人展示自己有礼有节的完美形象。要做到礼节完美周全，需要保险销售人员认真学习各种礼节，如见面礼节、接打电话的礼节、交谈的礼节，等等，这些礼节看似繁杂，但只要保险销售人员用心去学，并学以致用，一定能从中有所收益，使自己的人际关系网络日益扩大。

一、与客户见面的礼节

与客户见面的第一件事就是打招呼,通常打招呼要从问候客户开始,如"早上好""下午好""晚上好"或者"您好",等等。当保险销售人员知道客户的职业和姓氏时最好用略带尊敬的称呼,叫出对方的名字和身份。如"李处长,早上好""杨医生,下午好"等。当然,打招呼的方式因人而异,保险销售人员还需依人灵活把握。另外,值得一提的是,保险销售人员在招呼的时候,应对客户表现出极大的热情,并用自己的热情感染客户。

二、接、打电话的礼节

打电话是保险销售人员主要的工作方式之一。然而,打电话也有个缺点,即保险销售人员无法用自己良好的外在形象博得客户好感,所以,在打电话时,保险销售人员更应通过语言表现出自己的有礼有节,以弥补不见面的不足。

(一)打电话的基本礼节

打电话的基本礼节有三方面内容,如图1-14所示。

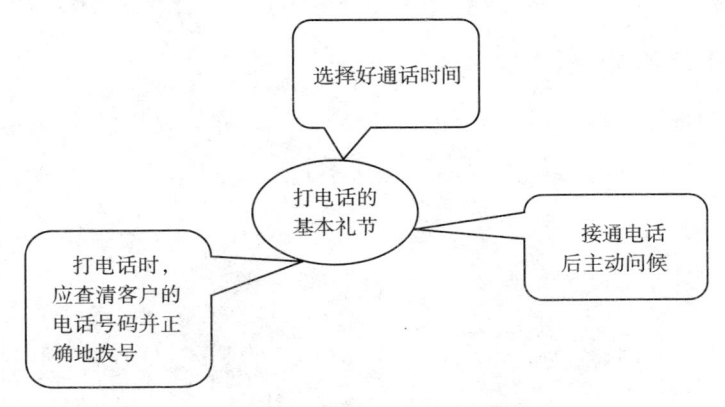

图1-14 打电话的基本礼节

1. 选择好通话时间

打电话时,保险销售人员首先应考虑两个问题:第一,什么时间最适合给客户打电话;第二,如何掌握通话时间。

按照惯例,保险销售人员不能在早上七点前、晚上九点后和中午用餐时间给客户打电话,以免影响客户休息或用餐,引起客户反感。如果保险销售人员确有紧急的事需要在这几个时间段与客户通话,一定要在通话开始时先向客户表示歉意,并严格控制好通话时间,原则上,这时的通话时间越短越好。

初次与客户通话的时间不宜超过3分钟。尤其在客户使用公话时,更应该避免啰唆重复,直奔主题,以不影响客户正常工作为宜。

2. 接通电话后主动问候

电话接通后,保险销售人员要在客户说话前,用热情洋溢的声音主动问候客户,并告知自己的姓名。如"您好,我是张诚",若接电话的人不是要找的客户,应礼貌地让接电话的人将电话转给客户,例如:"您好,我是张诚,我能与王丽小姐通电话吗?"这样做,既尊重了接电话的人,又可在确定客户后,直奔主题。

3. 打电话时,应查清客户的电话号码并正确地拨号

打电话,保险销售人员应通过各种渠道,调查清楚客户的电话号码,并确保正确拨号。不要因为一时的疏忽,而拨错电话,耽误了工作。另外,如果因为保险销售人员的原因,拨错了电话号码,保险销售人员应向接电话的人表示歉意,切勿不说话,不礼貌地挂断电话。

(二)接听电话的礼节

保险销售人员在接听外界打来的电话时,一样需要注意礼节问题,接听电话的礼节包括五个方面,如图1-15所示。

电话铃声响起后,应尽快接听	在拿起话筒,对方不讲话的情况下,保险销售人员应主动向其问好	通话后,若发现打电话者不是找自己,应该负责找到受话人接听电话	不方便接听时需耐心向打电话者解释	保险销售人员作为接听者,应让打电话者先挂断电话

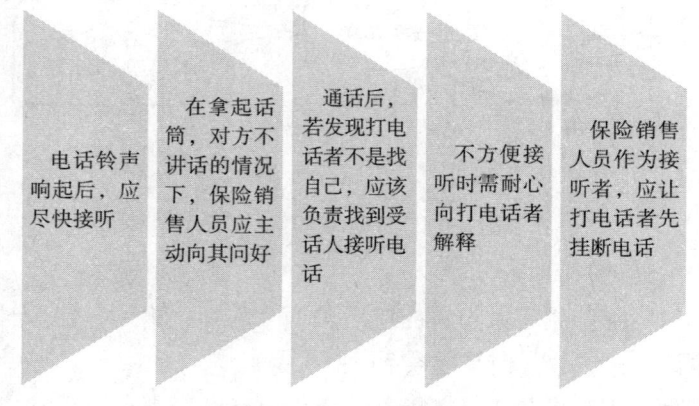

图1-15 接电话的基本礼节

第一章 拉开帷幕——保险销售准备阶段

1. 电话铃声响起后，应尽快接听

时间对于保险销售人员而言尤为重要，保险销售人员应有时间紧迫感，当电话铃声响起，应尽快接电话，因为来电很可能与其业务有关。

2. 在拿起话筒，对方不讲话的情况下，保险销售人员应主动向其问好

电话接通后，如果对方没有讲话，保险销售员应当主动问好，并说出自己公司的名称。例如："您好，我是××保险公司的，请问您需要哪方面服务？"千万不能接通电话，不做自我介绍，就一味追问对方情况，这种做法会给对方留下极其恶劣的印象。若打电话者为客户，甚至会贻误了一单交易的达成。

3. 通话后，若发现打电话者不是找自己，应该负责找到受话人接听电话

接通电话后，保险销售人员不能因为自己不是受话人，就拿着话筒大喊大叫，让受话人接听电话，这是非常不礼貌的行为，会引起打电话者的反感，如果打电话者是客户，甚至会对其公司的管理产生怀疑，从而取消与受话人的合作。保险销售人员正确的做法应该是，有礼貌地让对方稍等，然后捂住话筒，通知受话人接听电话。如果受话人不在，保险销售人员不能将电话直接挂断了事，而要耐心地询问对方姓名、单位、电话号码等信息，询问找受话人有何事，最后礼貌地挂断电话，事后将记录下来的信息告知受话人。

4. 不方便接听时需耐心向打电话者解释

当保险销售人员正用手机与其他客户进行沟通，或保险销售人员正在做非常紧急的事情时，有电话需要保险人员接听，保险销售人员应暂时停下手中的工作，先接电话，用简短的语言告诉打电话者自己正处理紧急事件，请他留下电话号码，稍后将给他打过去。这样处理既显现出保险销售人员良好的个人修养，也不会影响其手中的重要工作。当然，工作完成之后，保险销售员应立即打电话给来访者。

5. 保险销售人员作为接听者，应让打电话者先挂断电话

保险销售人员作为接听者，应让打电话者先挂断电话。因为，保险人员若在通话结束后，不等对方反应，就直接"呼"的一声挂断电话，会让打电话者产生不受欢迎，不被尊重的错觉。

三、交谈的礼节

交谈是保险销售工作中的重要内容，保险销售人员与客户交谈，更需要注意礼节。

（1）交谈时要考虑客户的感受，用词需恰当。尤其是在保险销售人员和客户意见出现分歧时，更不能对客户出言不逊，因为，这样做只会让双方矛盾更加尖锐。因此，对于保险销售人员来说，不管客户的观点如何不对，都不要用过激的言语反驳客户，而应该以举案例的方式，对其步步引导，最终说服客户。

（2）客户讲话时，保险销售人员应仔细倾听，切勿随意打断客户说话。倾听不仅可以使保险销售人员获得重要的信息，还能满足客户表现欲，使其对保险销售人员产生亲切感。

（3）交谈时保险销售人员的目光应与客户的目光自然接触，表情自然、亲切，举止得体。

（4）保险销售人员在与客户沟通时，应使用标准普通话，语速适中，表达流畅。

（5）保险销售人员在与客户沟通时，应多观察客户的各种反应，并对客户的谈话内容及时进行反馈。

（6）保险销售人员在与客户沟通时，应尽量回避某些禁忌或敏感话题，如图1-16所示。

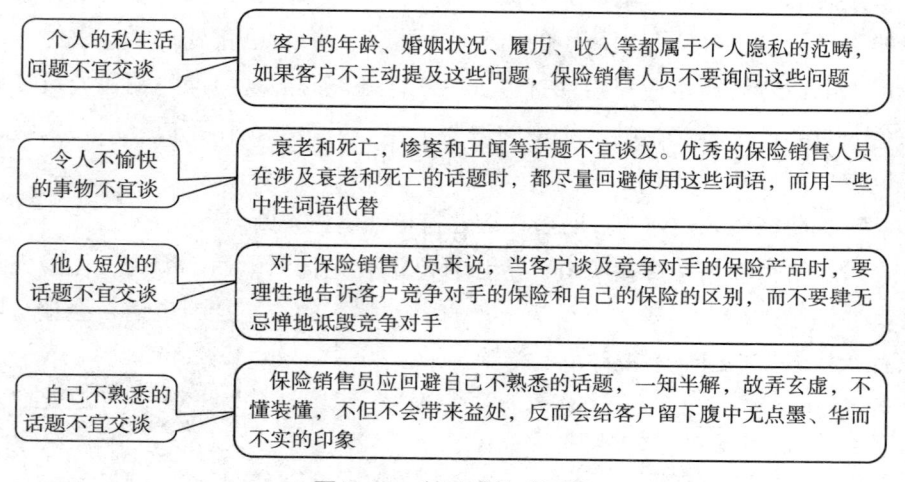

个人的私生活问题不宜交谈	客户的年龄、婚姻状况、履历、收入等都属于个人隐私的范畴，如果客户不主动提及这些问题，保险销售人员不要询问这些问题
令人不愉快的事物不宜谈	衰老和死亡、惨案和丑闻等话题不宜谈及。优秀的保险销售人员在涉及衰老和死亡的话题时，都尽量回避使用这些词语，而用一些中性词语代替
他人短处的话题不宜交谈	对于保险销售人员来说，当客户谈及竞争对手的保险产品时，要理性地告诉客户竞争对手的保险和自己的保险的区别，而不要肆无忌惮地诋毁竞争对手
自己不熟悉的话题不宜交谈	保险销售员应回避自己不熟悉的话题，一知半解、故弄玄虚、不懂装懂，不但不会带来益处，反而会给客户留下腹中无点墨、华而不实的印象

图1-16 禁忌或敏感话题

四、名片使用的礼节

名片标注了名片主人的姓名、职务、公司地址、联系方式等信息，是一种重要的社交工具，保险销售人员在使用名片时，应注意相应的礼节，见表1-10。

表1-10 保险销售人员名片使用礼节

名片使用礼节	说明
名片的准备	不要将名片随意夹在钱包、笔记本里，原则上，应该使用专门的名片夹
	名片可以放在上衣口袋里，但绝不可以放在裤兜里
	要保持名片或名片夹的清洁、平整
接受名片	在接收客户递过来的名片时，必须起身，用双手接收
	接收名片后，应当着客户的面认真看一遍或念一遍名片上客户的名字，碰到客户姓名中有生字、难字，一定要虚心向对方请教，以免称呼客户时闹笑话
	不要在接收的名片上面写字或做标记，更不可以将名片来回耍弄
	不要将客户的名片遗忘在座位上，或接收时不注意，将其掉落在地上
递名片	递名片的次序应该是访问方先递名片，如是介绍时，应由先被介绍方递名片
	递名片时，应说些"请多关照""请多指教"之类的寒暄语
	递送名片时，一般应在向客户问候，并做自我介绍时递出

五、用餐的礼节

保险销售人员在销售工作中，难免与客户有相互宴请等应酬活动，无论是应邀赴宴，还是招待宴请客户，保险销售人员都必须注意相应的礼仪，以体现自己的修养和风度，如图1-17所示。

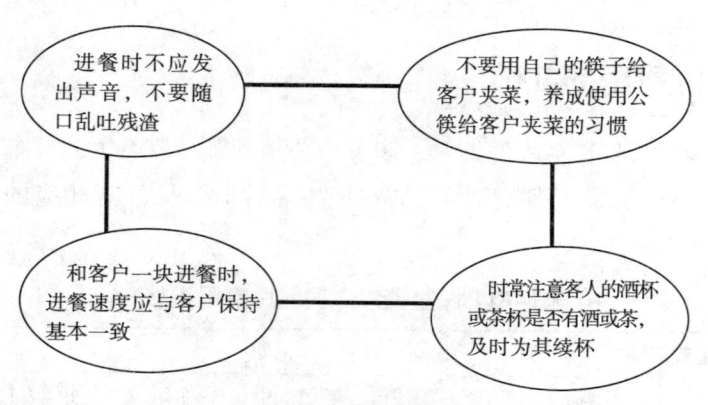

- 进餐时不应发出声音，不要随口乱吐残渣
- 不要用自己的筷子给客户夹菜，养成使用公筷给客户夹菜的习惯
- 和客户一块进餐时，进餐速度应与客户保持基本一致
- 时常注意客人的酒杯或茶杯是否有酒或茶，及时为其续杯

图1-17　保险销售员用餐的礼节要求

特别提示

礼貌是人与人之间接触交往中，相互表示敬重和友好的行为规范；礼节则是人们在日常生活中，特别是在交际场合中，相互问候、致意、致谢、祝愿、慰问以及给予必要的协助与照料的惯用形式。在保险销售中，保险销售员应该尊重客户的风俗习惯，了解客户的不同礼节、礼貌和做法，以促进保险销售的顺利进行。

第七节　良好心态的培养

保险销售工作是一种令人羡慕，同时又容易让人望而却步的职业。令人羡慕，是因为这一职业极富有挑战性，优秀的保险销售人员能从中品味出自己人生的价值，并获得丰厚的经济收入；让人望而却步，是因为保险销售工作是一项需要保险销售人员不断面对挑战、不断面对失败和挫折的职业。保险销售人员，要想在这个行业中出类拔萃，就必须拥有一个良好的心态，来迎接挑战和各种压力。一名优秀的保险销售人员必须具备的良好心态有七类，如图1-18所示。

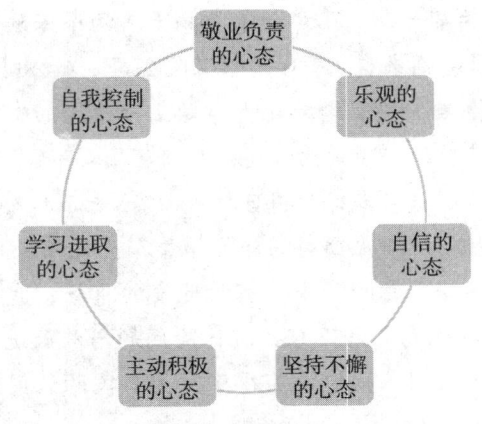

图1-18　优秀保险销售人员应具备的心态

一、自信的心态

许多保险销售人员在开展销售活动之前，就已经认为自己不可能成功了，他们认为，成功离自己很远，因为"政策不好、产品不好、市场不好"等。而优秀的保险销售人员则与之相反，他们从不怨天尤人，有一个自信的心态，认为自己一定能将工作做好，将保险销售出去。他们满怀自信地工作，用自己的自信、热情去感染客户，最终实现交易。因此，保险销售人员需对自己满怀信心，迎难而上，时常告诉自己，自己是最优秀的！自己是最棒的！不管外部环境条件多么恶劣，自己一定能成功！只要有了这些信念的支撑，任何保险销售人员都能成功。

二、乐观的心态

乐观的心态，是指保险销售人员心平气和地对待自己所遭遇的各种境遇，确定一个通过努力可以达成的追求目标，不对自己有过高的奢望，也不看低自己。乐观地对待自己在工作中遇到的挫折。

三、主动积极的心态

机会总是青睐于那些有准备的人，主动积极的人往往更容易得到机会的青睐。在保险销售中，主动积极的心态，可以为保险销售人员获得更多的客户资源。

据说，20年前的某天，大西洋的某个岛上有两个保险销售人员"光临"。这两个保险销售人员分别来自A、B两家保险公司。A公司的保险销售人员看到该岛居民信奉天主教，将生老病死看成是上天注定的，他断定在这里推销保险是绝对不可能成功的。于是向公司汇报说："本岛无人信奉风险自救和防灾，保险无法推行，所以，我将于明日打道回府。"而B公司的保险销售人员向他的上司汇报的内容却与A公司的保险销售人员大相径庭："情况出乎意料的好，该岛无人具备保险意识，是个有待开发的市场，我将长期住在此地营销。"之后，B公司在此岛长居下来，就保险问题与族长进行了无数的激烈辩论，最终取得族长的认同，同时也获得了广大居民的认同，与岛上大部分居民签了保险合同。

从上述案例可以看出，保险销售人员必须以主动积极的心态去工作，唯有如此才能赢得更多的客户。

四、学习进取的心态

保险销售人员长期奔波在外，经常会面临许多不同的状态，处理不同的事情，参与各类应酬。要处理好所有复杂的事件，保险销售人员就必须具备时间管理能力和学习管理能力。必须合理安排好工作时间，在百忙之中抽出时间总结、反省工作情况，学习与工作相关的知识。

优秀的保险销售人员只有具备良好的学习进取的心态才会不停探索，追求更高的目标，不断超越自我，在激烈的竞争中立于不败之地。

五、自我控制的心态

自我控制实际上是个体意志力的表现，它既以认识活动为基础，又以对情绪、情感和行动的控制表现出来。积极的情绪是意志行动的润滑剂，而消极的情绪却可以干扰和破坏人的正常活动。保险销售人员对情绪的自我控制应包括：使情绪经常处于积极状态；当与客户发生冲突时，能控制自己消极心情的产生和发展，使矛盾向积极方面转化，平息冲突。唯有如此，保险销售人员才能在工作中少走弯路，顺利完成任务。另外，保险销售工作艰苦而繁重，困难重重，保险销售人员如果不能控制自己安逸轻松的思想，就无法在面对困难、挫折时以正确的心态去面对，就会退缩不前、一事无成。

六、坚持不懈的心态

保险销售工作是一项异常辛苦的职业，这就需要保险销售人员必须具有吃苦耐劳的精神、坚持不懈的韧性。"吃得苦中苦，方得人上人"，可以说，保险销售人员的业绩一半是用脚一点点"跑"（积累）出来的。在其过程中绝不会一帆风顺，会遇到很多困难，保险销售人员必须有解决问题的耐心，有百折不挠的精神，才能坚持到底。

新招聘过来的保险销售人员小王被公司派去拜访一位客户，在拜访之前，同事告诉他，这个客户很难对付，以前有许多人尝试过多次，均没有成功。这个同事的用意很明显，告诉小王这是个"难啃的骨头"，还是赶紧退缩吧。然而，出人意料的是，不出一个月，这位难于打交道的客户却与小王签订了保险合同。小王怎么能有这么大的本事呢？这位客户给出了答案："以前到我家来过好几位保险销售人员，每次我都提出很多问题，他们都解答得非常详细，当我对保险有了全面了解，想买合同时，他们却因为我原来的'刁难'而不再登门了。直到三周前，贵公司的小王来拜访我，我依然提出很多问题'刁难'他，没想到他每次都耐心回答，还时常与我打电话联系，他的坚持不懈，最终打动了我，我决定与他签订保险合同。"

七、敬业负责的心态

只有具备高度敬业精神和责任感的保险销售人员，才能获得更大更快的发展。客户是保险销售人员的生存之本，只有得到客户信赖，他们才可能购买保险产品。因此，作为一名保险销售人员，一定要具备对客户负责的精神，这样才能赢得客户的尊敬和信赖。

> **特别提示**
>
> （1）几乎所有的保险销售人员都认为，自己在保险销售活动中经常遭遇挫折与销售的方法、技巧有关，因此，他们常常把技巧当作销售工作中最重

要的东西，认为只要掌握了方法和技巧就可以驰骋保险行业。其实心态才是一个人成功的关键。

（2）素有"神奇教练"之称的前国家足球队主教练米卢曾说过："态度决定一切。"对于保险销售人员而言，其销售成功的因素中，心态占了80%的重要份额。

第八节　推销员的销售禁忌

在保险销售活动中，有的保险销售人员业绩不凡，而有的保险销售人员却业绩平平，造成这种差异的主要原因是那些业绩平平的保险销售人员犯了销售工作中的忌讳。保险销售人员要想业绩不凡，就必须认识和了解销售工作中的忌讳，避免陷入失败的境地。

一、举止行为方面的禁忌

保险销售人员的任何行为举止都会对客户产生重要影响，因此，在和客户洽谈时，保险销售人员需避开举止行为方面的禁忌，如图1-19所示。

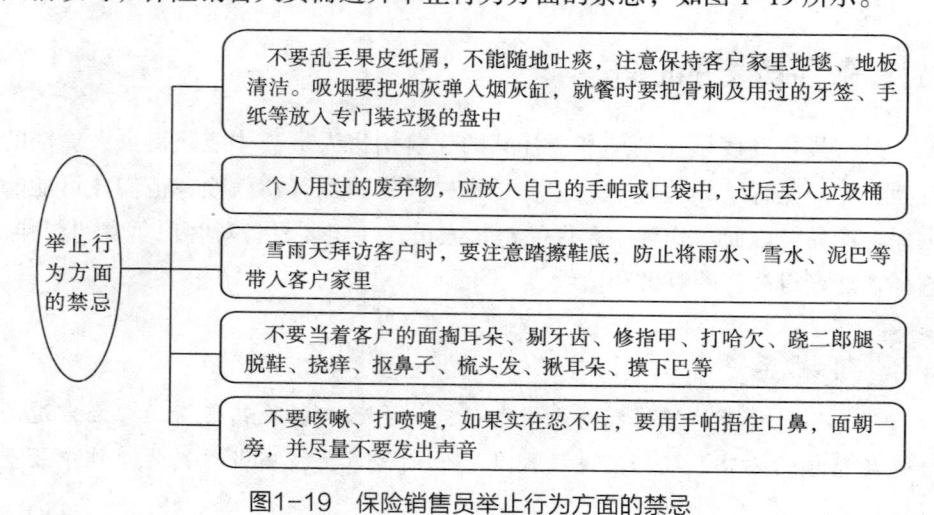

举止行为方面的禁忌：
- 不要乱丢果皮纸屑，不能随地吐痰，注意保持客户家里地毯、地板清洁。吸烟要把烟灰弹入烟灰缸，就餐时要把骨刺及用过的牙签、手纸等放入专门装垃圾的盘中
- 个人用过的废弃物，应放入自己的手帕或口袋中，过后丢入垃圾桶
- 雪雨天拜访客户时，要注意踏擦鞋底，防止将雨水、雪水、泥巴等带入客户家里
- 不要当着客户的面掏耳朵、剔牙齿、修指甲、打哈欠、跷二郎腿、脱鞋、挠痒、抠鼻子、梳头发、揪耳朵、摸下巴等
- 不要咳嗽、打喷嚏，如果实在忍不住，要用手帕捂住口鼻，面朝一旁，并尽量不要发出声音

图1-19　保险销售员举止行为方面的禁忌

二、促成过程中的禁忌

当保险销售人员与客户相处一段时间后，就进入了促成阶段，在此阶段中，也有一些禁忌需要保险销售人员注意，如图1-20所示。

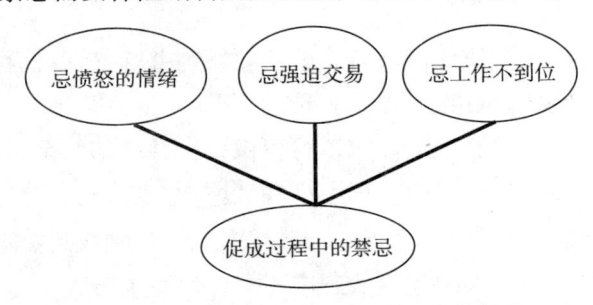

图1-20　保险销售人员促成过程中的禁忌

（一）忌愤怒的情绪

保险销售人员在和客户的交谈中，如果与客户的观点不一致，保险销售人员一定要控制住自己愤怒的情绪。因为保险销售员一方面销售的是保险，另一方面也是在销售自己，而愤怒是成功的天敌，它具有相当大的破坏力，很容易使人失去理智。保险销售人员要想销售出自己的保险，必须对其加以控制，不让自己愤怒的情绪爆发出来。

（二）忌强迫交易

在和客户的交谈中，面对客户的拒绝，对客户采取各种各样的攻势是必然的，有时也是一种极为有效的方法。然而，如果强人所难，就会适得其反。交易无法靠强迫达成，它是一件于交易双方都公平的事情，是交易双方意见一致后的决定。保险销售人员对客户运用攻势时一定要掌握好度，不要让客户有被强迫交易的感觉。

作为一名保险销售人员，最兴奋的事莫过于让客户很容易就愿意与其签订合同，但事实证明，极少有客户在与保险销售人员沟通一次后，就与之交易的。面对多次反复的登门拜访、沟通，保险销售人员切忌浮躁，而应设法使客户对保险有清楚的认识，然后逐步加以诱导，让其心甘情愿地参与投保，这才是获得交易的正道。如果保险销售人员背离这条规律，采取软硬兼施的方法，强迫客户交易，很有可能引起客户反感，并拒绝再与其沟通。或者即使客户违心地与其签订了合同，日后也可能中途解约，为保险销售人员造成更多的后遗症。

（三）忌工作不到位

当保险销售进入实质性阶段时，就需要填写并递交保险合同了。对于客户来说，填写、递交合同就是填写并递交投保单。

保险销售人员应提醒客户如实填写投保单，并亲笔签名。如果不如实填写或亲笔签名，将会导致保险合同中出现"虚假"成分，在日后很可能会影响客户的正常利益。严重的，甚至会导致受益人无法领取到保险金。

许多保险对被保险人的健康状态有要求，保险销售人员必须对客户如实告知，如果保险销售人员觉得某些客户可能因健康状况原因不适合投保，就有必要先要求这些客户在指定医院进行体检。

当保险公司同意客户购买保险后，客户就需要按合同规定缴纳保险费了。保险销售人员要让客户去指定银行办理投保转账存折，并将存折号填写进投保单。

购买保险的最后一步是签收保险合同（保险单）。当一份保险购买成功后，保险公司会返回给客户一份保险合同——保险单。保险销售人员应及时将此保险单送到客户的手中。

简单地说，客户购买保险的流程有三步，如图1-21所示。

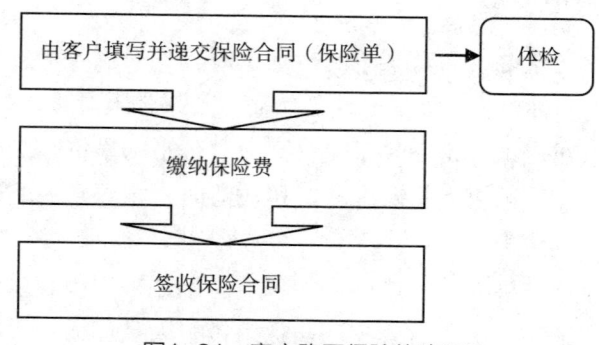

图1-21 客户购买保险的流程

三、语言方面的禁忌

保险销售人员在与客户沟通时,有四大语言方面的禁忌需要注意,如图 1-22 所示。

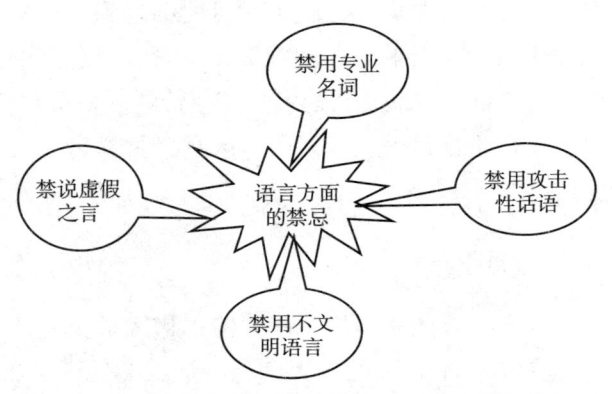

图 1-22 保险销售人员语言方面的禁忌

(一)禁用专业名词

保险行业里的专业名词很多,但保险销售人员在推销过程中接触的大部分客户都不具备保险知识,这些客户对保险完全不了解。因此,保险销售人员在销售过程中,应尽量少使用专业名称,并用一些通俗易懂的语言来代替晦涩难懂的专业名词,耐心地为客户讲解。将保险条款进行逐一详细的解释和说明,让客户清楚,他能够享受到的权利和需要承担的义务,保险条款的正确含义,保险条款的承保范围、赔偿条件等,让客户对保险有一个相对清楚的概念。

小刘从事保险不到两个月,就向客户炫耀自己是保险业的专家,电话中一大堆专业术语塞向客户,客户听后如坠云雾,不明白这些内容的真正含义。当与客户见面后,小刘又接二连三地大力发挥自己的专业,向客户大量灌输"豁免保费""费率""债权""债权受益人"等专业术语,让客户越听不越不明白,越不明白越对保险产生抵触情绪。结果,客户毫不留情地拒绝了小刘的再次沟通请求。

仔细分析一下上述案例就会发现，如果小刘能把专业术语用简单的语言解释给客户听，让客户能理解其含义，此次销售就有成功的可能了。

（二）禁用攻击性话语

保险销售人员在与客户的交往过程中，可能会遇到脾气暴躁的客户。此时，保险销售人员应牢记自己的任务和职责，不管客户态度如何，都要真诚相待，平息缓和谈话气氛，帮助暴躁的客户调整情绪。切忌在客户态度不好，提出苛刻问题时，用攻击性语言去"对付"客户，这样做，只能更加激怒客户，使交易无法完成。

（三）禁用不文明语言

在保险销售过程中，有些素质极低的保险销售人员公开或隐讳地用不文明语言骂顾客，这是绝对不允许的。无论是粗话或是脏话，都会恶语伤人，显得说不文明语言的保险销售人员庸俗下流，有失人格，给其销售工作带来严重的负面影响。

（四）禁说虚假之言

如果保险销售人员为了达成交易，不择手段，不惜编造虚假谎言欺骗客户，一旦被客户发现，客户就会对其失去信任。此后，任凭保险销售人员再采取何种补救措施都无济于事。

所以，保险销售人员必须实事求是，站在客户的立场上介绍保险产品，唯有如此才能打动客户的心，使客户对其产生信任，最终对保险产生兴趣。

除以上四点语言方面的禁忌外，保险销售人员还要注意自己说话时的态度和方式，不要触犯下面的谈话禁忌，见表1-11。

表1-11　保险销售员和客户谈话时的禁忌

禁忌	说明
打断客户说话	当客户正在说话时，不要随意打断
拖长话题	当发现某个谈话话题已渐枯竭时，就应马上转移话题
不留意客户的暗示	如果客户对谈话已失去兴趣，可能会利用"身体语言"做出希望结束谈话的暗示
把握不好谈话时间	在准备结束谈话之前，先与客户预约下一次见面的时间，然后从容地停止。避免生硬地结束谈话，匆忙离开，给客户以粗鲁无礼的印象

四、其他方面的禁忌

除了上面提到的禁忌外，保险销售人员还应注意两大方面的禁忌，即忌对客户不了解，忌害怕被拒绝。

（一）忌对客户不了解

保险销售人员在与客户接触前要做好充分的准备，包括对客户的相貌、职业、性格特点等信息都需做出详细了解。保险销售人员只有真正了解了客户，才能针对客户的特点向其介绍保险产品，如此才能有达成交易的可能。

（二）忌害怕被拒绝

任何销售都是从被拒绝开始的，保险销售也不例外。然而许多保险销售人员由于准备不充分或心理素质差等原因，在被客户拒绝多次后，对自己失去了信心，对销售产生了畏惧心理，甚至从此一蹶不振。

特别提示

保险销售员在和客户的沟通过程中，不仅要使用文明的语言，保持谦和的态度，还需要注意一些细节性问题。在和客户谈话时，应忌以下"七嘴"：

（1）和客户交谈之中忌闭嘴。
（2）和客户交谈之中忌插嘴。
（3）和客户交谈之中忌脏嘴。
（4）和客户交谈之中忌油嘴。
（5）和客户交谈之中忌贫嘴。
（6）和客户交谈之中忌争嘴。
（7）和客户交谈之中忌刀子嘴。

第九节　确定销售目标

有一位保险销售人员业绩一直很差。一次，他听一位成功的销售人员的演讲，才发现自己的症结所在。这位成功的销售人员说："把自己的目标写在纸上，然后放在上衣口袋里，并时常拿出来激励自己，就会提高自己的销售业绩。"

这位保险销售人员回去后，给自己订了一个创纪录的目标，那是一个惊人的数字，根据他过去的业绩来看，是一个根本不可能达成的目标。

以下是他写在纸上，放在口袋里的话：

今年是最好的一年。我要把所有的干劲和精力投入到工作中，享受工作的乐趣，以积极开朗的心态对待工作。我相信我一定能取得高于去年50%的业绩。我一定要实现这个目标。

凭着执着的信念，以及对目标的不断追求，年底时这位保险销售人员的营业额奇迹般地超过了去年业绩的50%，实现了他自己订立的目标。

成功后，他找到那位前辈说："如果不立下这个目标，我可能仍然徘徊在最低的业绩边缘。您教我的方法使我获得了从来没有过的积极心态，激发了连我自己都不知道的潜能。非常感谢您。"

目标对一个人的心理和行为具有很大促进作用。心理学家研究表明，目标可以激活大脑中的一个专门机制，这个机制被称为网状激励体系，它决定着人们的大脑在任何时候集中的焦点。可以说，一个目标坚定的人，其一言一行都是以自己的目标为焦点的。

但是，目标并非是单一的，也不是一成不变的。虽然保险销售人员的每一次销售活动都以达成交易为最终目标，但是这一目标却可以根据不同的实际情况进行分解。比如，保险销售人员可以按照销售的进展情况对最终目标进行如下分解：得到客户的约见→给客户留下良好的印象→使客户对自己和公司及公司的产品产生信任→让客户对产品的各项条款满意→达成交易。

当然，保险销售人员与客户沟通时必须清楚，达成交易并不是其最根本的目标，最根本的销售目标应该是达成交易并且令客户感到满意，从而使客户愿意为其宣传，形成以一传百的良好口碑效应。

无论对于组织还是个人，目标都是非常重要的。要想成为成功的保险销售人员，首先必须有明确的销售目标，目标会把所有的销售行为都聚集到一个方向上。目标的设定应遵循以下原则：

（1）目标需具有可衡量性。保险销售人员在设定与客户建立关系的目标时，如果只标明"与客户处理好关系"是远远不够的。应该与多少客户建立起良好的关系？这些客户中有多少是新客户，多少是老客户？建立起良好关系的量化标准是什么？很显然，对于保险销售人员来说，没有明确衡量标准的目标，是没有实际指导意义的。

（2）目标必须是通过努力可以实现的。实现目标会给人以成就感，从而不断给予人前进的动力。因此保险销售人员在设定目标前，必须客观地对自己的现状及各种客观因素进行衡量。目标必须是具体的，可以实现的。如果目标不具体，无法确定是否能实现，就会降低保险销售人员实现目标的积极性。图1-23列举了四种专家提醒的实现目标的方法。

专家提醒

◆保险销售人员的目标是通过沟通促成与客户之间的交易
◆时刻专注于销售目标，所有的客户沟通都要围绕销售目标而展开
◆注意长期目标与短期目标之间的关系，要统筹兼顾，而不要顾此失彼
◆时刻谨记销售目标，但不要强迫客户接受自己的销售意图，因为这样会破坏保险销售人员与客户之间的长期合作关系

图1-23 专家提醒的实现目标的方法

特别提示

（1）保险销售工作是一项灵活性和复杂性很强的工作，保险销售人员要想高效率地完成销售工作任务，就必须建立明确的工作目标，并根据工作目标制订出一套完整、周密而又灵活的工作计划。

（2）明确的目标对保险销售员有以下好处：

①激发保险销售人员强烈的成功欲望。

②能够集中保险销售人员的注意力和精力。

③能够规范保险销售人员的日常生活和工作。

④可以帮助保险销售人员做更好的决定及选择，能更明确地分配时间和资源。

⑤能够克服保险销售人员的心理恐惧和自我怀疑。

第十节 保险销售的主要环节

保险销售的环节主要有四方面组成，如图1-24所示。

```
┌─────────────────┐
│    开拓客户      │
└─────────────────┘
         ↓
┌─────────────────┐
│   确认客户需求   │
└─────────────────┘
         ↓
┌─────────────────┐
│   设计保险方案   │
└─────────────────┘
         ↓
┌─────────────────┐
│ 疑问解答并促成签约│
└─────────────────┘
```

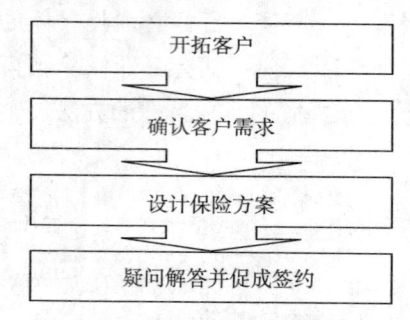

图1-24 保险销售的主要环节

一、开拓客户

客户开拓就是识别、接触并选择客户的过程。客户开拓是保险销售环节中最重要的一个步骤，可以说，保险销售员最主要的工作是做好客户的开拓工作。

（一）开拓客户的步骤

开拓客户的工作可以分以下五个步骤进行，如图1-25所示。

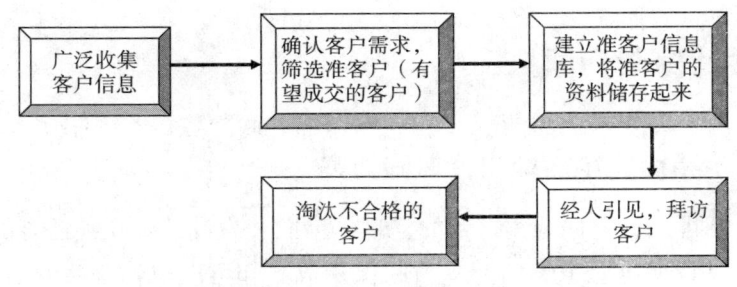

图1-25 开拓客户的步骤

（二）客户开拓的途径

常见的客户开拓途径有陌生拜访、熟人介绍等方式。具体见第二章第一节。

二、确认客户需求

为了确认准客户的保险需求，必须对其进行实况调查，即通过对准客户的风险状况、经济状况的分析，来确定准客户的保险需求，从而设计出适合准客户的保险购买方案。准客户调查与分析的内容主要有三方面内容，见表1-12。

表1-12 调查客户保险需求的内容

调查分析内容	具体解释
分析准客户所面临的风险	每个投保人的工作状况、健康状况不同，每个投保企业的生产情况不同，决定了他们面临的风险也各不相同。保险销售人员要通过调查获取准客户的详细相关信息，分析准客户所面临的风险
分析准客户的经济状况	通过就准客户的财务问题及其财务状况进行分析，为其建立可行性分析报告，以帮助准客户了解自己的财务需求和优先考虑的重点
确认准客户的保险需求	就准客户面临的风险而言，可以将其分为必保风险和非必保风险。对于必保风险，最好采取购买保险的解决方式

三、设计保险方案

（一）重点、全面地设计保险方案

保险销售人员根据调查得到的信息，为准客户设计出几种适合的保险方案，并向其说明这些方案需要支付的保费成本和可以得到哪些方面的保障。一个完整的保险方案包含的内容如图1-26所示。

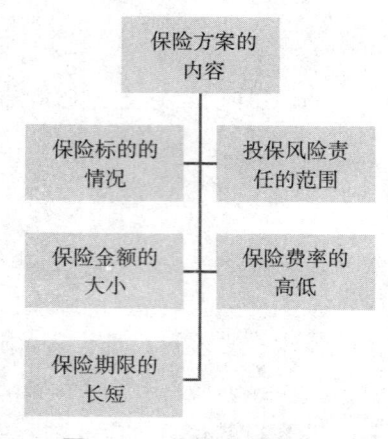

```
                  保险方案的
                     内容
                        |
      ┌────────┬────────┴────────┬────────┐
  保险标的的          投保风险责
     情况              任的范围

  保险金额的          保险费率的
     大小               高低

  保险期限的
     长短
```

图1-26　保险方案的内容

（二）对保险方案做正确、简明的回答

一般而言，保险方案说明主要是对所推荐的产品作用的介绍，包括以图表形式表示出来的图示，书面的、口头的解释，或书面与口头兼而有之的解释。在向准客户讲述保险方案时，应尽量使用通俗的语言和图表解释方案，避免使用专业性太强的术语和复杂的计算公式。对于重要的信息则需解释准确，尤其是涉及到有关保险责任、责任免除、未来收益等重要的事项，一定要确认准客户确切了解了条款所指的内容，以免产生纠纷。

四、疑问解答并促成签约

（一）解答客户的疑问

准客户在初次与保险销售人员沟通时，就对保险方案完全满意，并毫无异议地购买的情况是极为少见的，有异议是销售过程中的正常情况。对于准客户提出的异议，保险销售人员应进行有针对性的解答，以打消准客户的顾虑。

（二）促成签约

促成签约是指保险销售人员在准客户对于投保建议书基本认同的条件下，促成准客户达成购买承诺的过程。

（三）帮助客户填写投保单

客户购买保险，首先要提出投保申请，即填写投保单。虽然投保单在保险公司同意承保并签章之前并不具有法律效力，客户不能基于自己填写的内容提出任何主张，但投保单是客户向保险人要约的证明，也是保险人承诺的对象并确定保险合同内容的依据。投保单是构成完整保险合同的重要组成部分，一旦投保单存在问题就可能导致合同无效，或者是部分内容无效。为了体现客户的真实投保意愿，维护客户的利益，避免理赔纠纷，保险销售人员有义务指导客户如实、准确、完整地填写投保单。当客户将投保单填写完毕后，保险销售人员应仔细核对投保单。

特别提示

（1）保险销售人员应掌握保险销售的前三个重要环节，做好开拓客户、确认客户需求、设计保险方案的工作。

（2）保险销售的第四个重要环节：疑问解答并促成签约的重点在于，保险销售人员必须指导客户如实、准确、完整地填写投保单，填写的标准应以《中华人民共和国保险法》所规定的基本原则为基础。

第二章 兵马未动，粮草先行
——拜见客户前做好准备

第一节　有的放矢——锁定客户是关键

很久以前，有一位非常勤劳的农夫，他的勤劳感动了上帝。有天夜里上帝托梦告诉他，说在某个海边有一块比其他石头的温度高，摸起来感觉很暖和的石头，只要拥有它就可以点石成金。闻言，从第二天开始农夫就信心百倍地赶到那个海边，开始在成千上万的石头中寻找那块可以点石成金的石头。刚开始的时候，农夫捡起一块石头，就会摸一摸石头的温度，但是捡的石头与其他的石头一样冰冷，于是他顺手把这些石头扔进大海。就这样，第二块、第三块……时间一天天过去，农夫依然早出晚归地到那个海边捡石头，扔石头，但是始终没有找到那块上帝说的比其他石头温度高的石头。几年过去了，农夫扔石头动作已成为一种习惯，他甚至都不再去感受石头的温度，就直接把石头扔进了大海。终于有一天，那块海边的最后一块石头也被农夫扔进了大海，农夫一无所获。

这是一个在西方流传很广的故事，它说明了一个深刻的道理——仅凭主观去判断石头的热度是不正确的。

同样的道理，对于保险销售人员来说，潜在的客户就好比是大海里的石头，在寻找潜在客户的过程中，不能一心只想找到更热的"石头"，而应该认真对待每一块"石头"，只有这样才不会错过真正能够点石成金的"石头"。

寻找客户对保险销售人员来说是一件很重要的工作，常见的寻找客户的方法如图 2-1 所示。

图2-1 寻找客户的方法

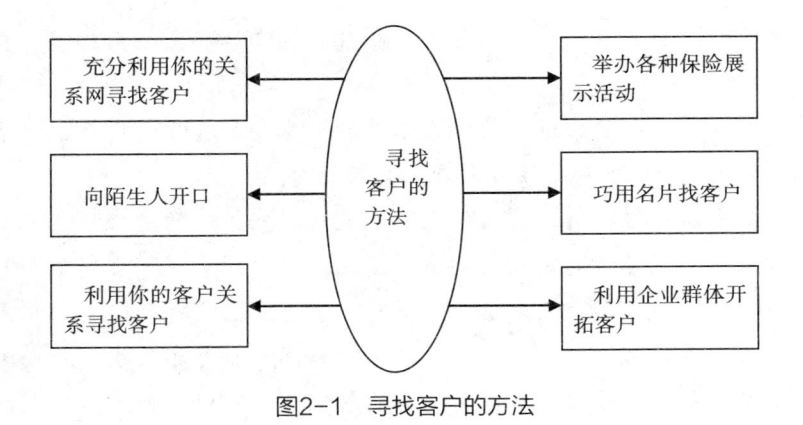

- 充分利用你的关系网寻找客户
- 向陌生人开口
- 利用你的客户关系寻找客户
- 寻找客户的方法
- 举办各种保险展示活动
- 巧用名片找客户
- 利用企业群体开拓客户

一、充分利用你的关系网寻找客户

作为一名保险销售人员，总是要与很多人来往。除了家庭成员以外，还会有亲戚、朋友、同学、老师、同事、领导……以及这些人转介绍的人，他们都有购买保险的潜在需求，即使他们现在没有需求，但有可能将来会有需求。他们会因为与你熟悉而更相信你，他们会向你购买保险产品，而不会轻易去找一位陌生的保险销售人购买保险。所以，保险销售人员只要以真诚的服务态度去对待关系网中的熟人，定能从中找到需求者，迅速达成交易。

身为保险销售人员必须特别重视利用自己的人际关系开拓客户群。中国是一个特别讲究人际关系、重人情的国家。家族、亲族关系十分紧密、牢靠，在这种背景下，保险销售人员很可能遇到一个熟人，该熟人四处为其宣扬，就可能形成众多的客户找保险销售人员投保的局面。

二、向陌生人开口

一个人的关系网毕竟是有限的，如果保险销售人员仅局限于自己周围的人群，那么，即使他的关系网再大，也有开拓殆尽的一天。保险销售人员要突破这个局限，可以从陌生人中开发，其实这才算是真正意义上的开拓客户，因为它难度大，对保险销售人员的能力提出了更高的要求。

台湾有位保险界奇人，他的核心理念就是把身边的每个人都视为自己的客户。

他家距离火车站非常近，他每天都会到火车站的售票厅排队，他也不知道自己去哪里，他的旅程取决于排在他前面的人。

他会想方法与排在自己前面的人聊天交谈。在排队的过程中，他就和这个人通过聊天慢慢熟悉起来。临到他前面的人对卖票者说"去高雄"时，还没有等那个人说完，他立即接话"两张"。于是，他就随着前面的人去了高雄。一起买的票，座位自然在一起。从台北到高雄一段旅程中，就成为他向那个陌生人推销保险的黄金时间。很多时候，到下车时，他已经顺利做成了生意。

上述案例说明，正是由于这位保险界奇人不畏惧与陌生人交谈，将每一位陌生人都认定为他的潜在客户，并为了达成交易而努力和这些陌生人拉家常，套近乎，步步为营，才使得他能签单无数，使自己的销售业绩总是处于同行中的顶尖水平。

对于保险销售人员来说，必须培养出一种"认定对方就是我的客户"的心态，把遇到的每一个陌生人都当作是自己的客户，使自己形成一种条件反射，自信、积极地向陌生人推销保险，如此才能增大自己的成功率。

三、利用你的客户关系寻找客户

保险销售人员每与一位客户成交，就必须与这些客户成为朋友，并为其提供优质的服务，唯有如此，保险销售人员才有机会充分利用这些老客户的关系网，开拓新客户。口碑效应会使得与老客户相熟的新客户，更愿意向老客户推荐的保险销售人员购买保险产品，这种方式比保险销售人员费尽口舌开拓毫无关系的陌生客户更有效，成交也更迅速，这种方法可以使保险销售人员的客户呈几何级数增长，它也是优秀保险销售人员客户源源不断的秘诀之一。

保险销售人员要想利用现有的客户寻找新客户，就必须将自己的工作做到位，认真对待客户的疑难问题，并尽己所能在生活、工作中为客户提供帮助。如此定能使老客户成为迅速签单的雪球核心，在向心力的牵引下，这个雪球定会越滚越大，从而形成客户的链式增长。具体做法如下：

（一）争取现有客户的认同

一般来说，客户总是怕转介绍会给他带来麻烦，特别是怕第三方责怪。在这种情况下，保险销售人员应先努力打消客户的这种惧怕心理，给他一个定心丸。例如，某优秀保险销售人员对客户说："放心吧，我绝不会给您添麻烦的，拜访您给我介绍的客户时，我保证对他们也同样以诚相待，为他们服好务。"

保险销售人员要想获得客户认同，并为其转介绍，就必须做到以下两点：笃守信誉，具有强烈的责任感；能为客户提供优质、满意的服务。

（二）掌握新客户的相关资料

从老客户处获得新客户的相关资料，主要应掌握新客户的姓名、年龄、家庭及单位地址、电话号码、教育背景、目前收入情况等内容；同时还应努力获知新客户性格、兴趣爱好等信息，为初次拜访奠定基础。保险销售人员在掌握了这些资料后，应有计划地为拜见客户做准备，制定出针对性强的投保计划书，以增强说服力。

（三）有计划地拜访新客户

根据自己了解到的资料，认真对新客户进行筛选，选择出有实力购买保险的新客户作为拜访对象，并将其锁定为主攻对象。锁定客户后，就需选择恰当的拜访时间、拜访方式、拜访话题，精心为准客户设计投保计划。

虽然是初次拜访，但由于对新客户的情况了如指掌，保险销售人员在介绍时更应从容不迫，句句说到客户心坎上。另外，由于是经朋友介绍的，新客户一般不会对保险销售人员拒之于千里之外，而会对其产生一种亲切感、信任感，保险销售人员可以利用这层关系，用实例证明自己的信誉与能力。当保险销售人员赢得新客户认可后，再开始介绍保险，向其灌输保险意识，相信定能事半功倍。

四、利用企业群体开拓客户

保险销售人员直接深入有实力的企业团体里，一则，可以通过与企业群体的领导者沟通，促成大订单；二则，即使无法签订团体险，也可以与该企业的众多员工熟悉，使这些员工成为客户。实践证明，这种方法既能节省保险销售人员的时间，又能节省大笔销售费用，是一种经济可行的方法。开拓企业群体客户的步骤如图2-2所示。

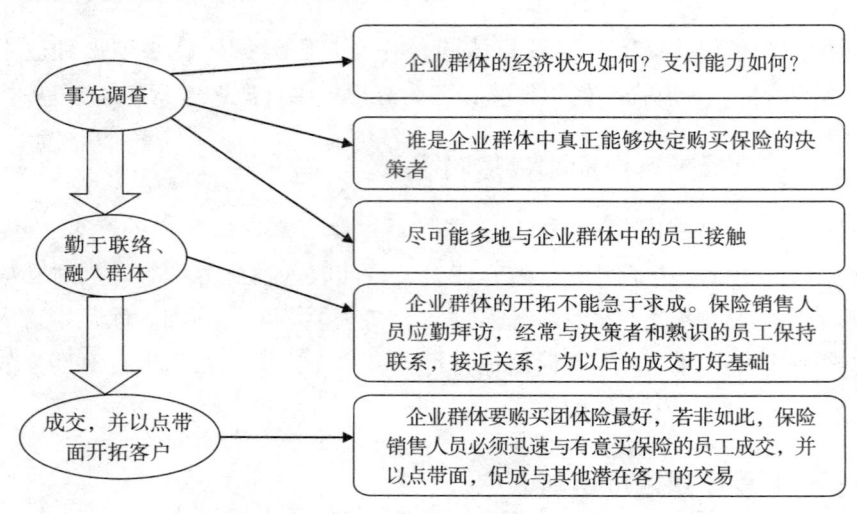

```
事先调查 ──→ 企业群体的经济状况如何？支付能力如何？
         ──→ 谁是企业群体中真正能够决定购买保险的决策者
   ↓
勤于联络、 ──→ 尽可能多地与企业群体中的员工接触
融入群体  ──→ 企业群体的开拓不能急于求成。保险销售人员应勤拜访，经常与决策者和熟识的员工保持联系，接近关系，为以后的成交打好基础
   ↓
成交，并以点带 ──→ 企业群体要购买团体险最好，若非如此，保险
面开拓客户       销售人员必须迅速与有意买保险的员工成交，并
                以点带面，促成与其他潜在客户的交易
```

图2-2　保险销售人员开拓企业群体客户的步骤

五、举办各种保险展示活动

通过举办各种展览、宣传、讲座、咨询等活动，向大众介绍、销售保险。在我国，由于保险是一种新事物，大众对它的了解很少，即使有一部分人对保险有所了解，也是非常不全面的。在此情况下，举办保险展示会，既可以向大众普及保险知识，培育市场，又可以与有实际需求的人达成交易。

街头咨询是展示会的另一种形式，它是一种简单易行、行之有效的保险销售方法，能帮助大众了解保险、关心保险，从而积极参加保险。很多新的保险销售人员在入行之初，都是选用这种方法来开始自己的保险销售生涯的。

六、巧用名片找客户

名片虽小，却是现代人交往中的重要工具之一，在保险销售中更是被普遍使用，成为初见客户的最重要、最方便的联系纽带。因此，作为一名保险推销人员，应时刻准备好足够的名片。

许多保险销售人员都没有随身带名片的习惯，这样很难让偶遇到的陌生人或别人介绍的客户记住他们，更无法让潜在客户与其联络上。如此，即使有成交的机会，也会因为小小的名片，与其失之交臂。

> **特别提示**
>
> 保险销售人员若没有足够数量的潜在客户，销售工作就无法正常开展。所以，保险销售人员应想方设法开拓新客户，确保自己拥有一定数量的潜在客户。

开拓客户的第一步即是发掘客户。发掘客户需讲究"效果""效益"和"效率"也就是寻找客户要遵循"准、快、好"的三字诀（准确、快速、捕捉到高潜力的客户），如此才能加大成功的可能性。

第二节　面面俱到——客户资料要齐全

与准客户接触并不是一般意义上的拜访，而是有着一定难度的。大多数保险销售人员都有自己的拜访目的，所以必须想方设法地把准客户引入自己想与其商谈的实质性问题上，以便达到拜访的效果。

保险销售人员在与准客户见面前，必须做大量的准备工作，第一步就是要了解准客户的职业、性格、爱好等，要做到这一点，就需要保险销售人员对准客户的各类信息进行分类、整理。

一、建立基本的准客户资料卡

准客户资料卡是保险销售最重要的资料集，是保险销售人员的"珍宝"，对保险营销人员有着非比寻常的意义。它能使保险销售人员制定出针对性极强的保险方案，可以大大提高保险成交率。另外，保险销售人员可以根据客户的资料卡，结合为其做的保险方案，分析、总结销售成功或失败的原因。所以，它也被保险销售人员视为"最机密"的档案。建立客户卡不仅需要保证信息的准确性，还要方便携带，可以让保险销售人员随时查看。

表2-1是一种准客户资料卡，它所列的表格内容虽少，但已涵盖了保险销售人员应该了解的客户的所有重要信息，保险销售人员可将它制作成表格，随身携带。

表2-1 准客户资料卡

姓名		性别		出生地	
出生年月				性格	
工作单位				电话	
家庭地址				电话	
家庭成员	姓名	关系	出生年月日	工作单位	兴趣、爱好、特长
固定资产					
年收入及主要来源					
主要经历					
兴趣、爱好					
影响最深的朋友					

保险销售人员必须根据客户的不同特点对其进行有针对性的开发。为此，除了建立完善的客户档案资料外，还要对其进行分类管理，以便确定不同的拜访时间、拜访方式和销售方式，并通过必要的保障措施，实现销售目标。

对客户的管理主要集中在了解客户、认识客户并根据客户的要求进行保险产品销售活动等方面。而客户资料卡正是保险销售人员进行保险销售的重要工具。没有客户资料卡，保险销售人员在进行订立时间计划、决定访问路线、打电话预约、寄送拜访信函等步骤时会浪费很多时间。

二、建立系统的准客户档案

随着与准客户的关系进一步拉近,保险销售人员对准客户的认识会越来越深入,这时,就有必要将准客户分门别类地记录在准客户卡片上,然后再建立系统的准客户档案,重新分析整理出有价值的准客户信息,以便采取下一步更切合实际的跟进方法,促成成交。

在建立了准客户的基本资料卡后,通过与准客户多次接触,必须对基本资料卡上的内容进行分析、整理、完善,建立一个系统的客户资料档案。这样能方便保险销售人员随时查阅。保险销售人员可以将客户分为三类,如图2-3所示。

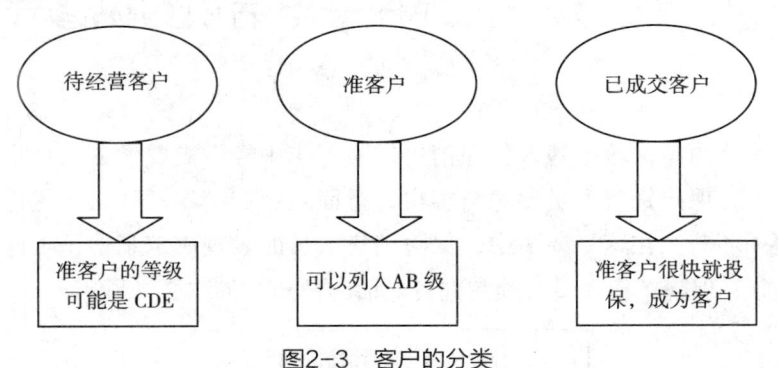

图2-3 客户的分类

系统的准客户档案的资料应包括八大方面,见表2-2。

表2-2 系统的准客户档案的八大内容

客户资料	要求
客户的姓名、职称、公司地址、电话、住宅地址、电话	姓名书写正确,在姓名后加注客户的性别,其余资料填写清楚,避免字迹不清,为日后工作带来麻烦
客户的身体状况	最近几年的身体状况,有无重大疾病史
客户的配偶、子女情况	客户配偶、子女的年龄、健康状况,有无购买保险
客户的经济状况	客户的年收入、消费支出,房屋有无贷款
学历背景	客户的学历、专业
专长、兴趣、参加社团	客户工作的专长,业余时间的兴趣爱好,是否参加过社团:比如车友会、老乡会等
作息时间	工作时间,休息时间
其他	每次谈话的日期、内容

保险销售一本就够

> 🔔 **特别提示**
>
> 　　保险销售人员获得客户基本资料卡的来源有很多种，可以从准客户的朋友关系圈获得，也可以从与其有业务往来的相关人员处获得，还可以从报纸、杂志、广播、电视、书刊等处获得。
> 　　保险销售人员在获得基本资料卡后，应对客户进行多次访问，以筛选出潜在客户。

第三节　洋洋盈耳——电话预约见修养

　　电话预约是保险销售人员在销售保险工作中经常需要做的一件事。大多数情况下，保险销售人员要想与客户进行面对面的交谈，就必须先通过电话预约这一环节。在这一环节中，保险销售人员的表现决定了他是否能见到客户。因此，保险销售人员必须掌握打电话的技巧，如图2-4所示。

```
                    保险销售人员打电话的技巧
                              │
        ┌─────────────────────┼─────────────────────┐
   选择通话的时间段                              开头语需礼貌
   控制好通话时间                                声音清晰、明朗
   让语调充满笑意                                做好记录
   礼貌的结束语
```

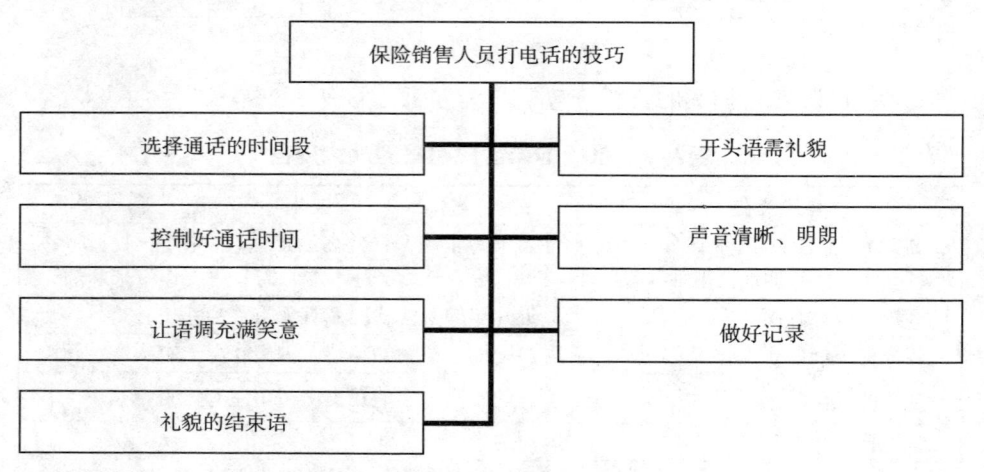

图2-4　保险销售人员打电话的技巧

一、选择通话的时间段

星期一作为一周的开始,通常很多公司的员工在这一天都会很忙,所以,保险销售人员最好避免在这一天做电话预约。

通常而言,早晨 7 点前、晚上 9 点后和三餐的用餐时间不应该给客户打电话,以免影响客户的休息,引起客户的反感。

二、开头语需礼貌

当电话已经接通,保险销售人员应主动自报姓名,并问候客户。如"你好,我是××保险公司的刘兰",保险销售人员主动、亲切的打招呼,可以给客户留下良好的第一印象。

另外,若保险销售人员自报姓名后,客户说正在开会、接待客户或者有其他重要、紧急的事时,保险销售人员应快速与客户约下次打电话的时间,然后挂断电话。切忌死缠滥打,说个不停。

三、控制好通话时间

保险销售人员打电话给客户应遵循一个原则,即达到打电话的目的后,与客户寒暄两句后就结束谈话,千万不能话痨似的说个不停。如果保险销售人员在电话里喋喋不休,一则容易引起客户反感,二则还可能使客户有机会对保险销售人员本身或保险产品提出新的异议。

因此,保险销售人员必须控制好通话时间。控制通话时间的基本要求是:以短为佳,宁短勿长,打电话时最好遵守"3 分钟原则"。

要做到这一点,保险销售人员就必须在打电话之间做好充分的准备(表 2-3),以便节省通话时间,并获得良好的沟通效果。

表2-3 打电话前的准备工作

要求	说明
列清单	把需要通话的客户的姓名、电话号码、通话要点等内容整理出来,列出一张清单
勤加练习	通话要目要求简明扼要。在通话前反复练习,避免通话时出现吞吞吐吐、含糊不清、东拉西扯的情况

四、声音清晰、明朗

打电话时，保险销售人员的嘴部应与话筒间保持 3 厘米左右的距离。这样的说话方式，较容易使客户听得清楚。同时，保险销售人员的声音应当保持柔和，吐字清晰、明朗，语速适中，使客户感到悦耳舒适。

保险销售人员在打电话过程中，不能吸烟、喝茶、吃零食，打电话时，应坐直身体，因为即使是保险销售人员懒散的姿势，客户也是能"听"得出来的。

五、让语调充满笑意

打电话前，保险销售人员应保持良好的心情，反复练习从内心深处发出真诚的微笑，保险销售人员欢快的语调很容易感染客户，使客户心情愉快，对保险销售人员产生好感。

六、做好记录

在打电话前，保险销售人员应该准备好记录的笔和本，以记录谈话中客户透露的重要信息（与客户见面的时间、地点等）。一些保险销售人员对自己的记忆力盲目自信，仅凭脑袋记忆，不做记录，然而，过了一段时间，他们却发现已经将客户的重要信息忘得一干二净了，这样给他们自己的工作带来很大的麻烦。

七、礼貌的结束语

在结束与客户的电话交谈时，保险销售人员应礼貌地与客户道别，并让客户先挂断电话。切忌讲完，不说道别语就挂断电话。

特别提示

电话交际是现代人常用的交际方式，双方的声音、态度、举止虽远在千里之外却是可以感受到的。只要听听电话的交谈内容，就可以判断一个人的教养水平和社会化程度。为了正确使用电话，树立良好的电话形象，保险销售人员应遵循电话应对的四原则——声音谦和、内容简洁、举止文明、态度恭敬，并把握好打电话和接电话的礼节。

第四节　有备而来——拜访准备要齐全

一、拜访客户前的内部准备

对于大多数保险销售人员而言，接触新客户是一件有压力的事情，因为他们害怕遭遇白眼，被客户严词拒绝。保险销售人员要想克服这种害怕情绪，把压力减至最低，就必须做好充分的内部准备，如图2-5所示。

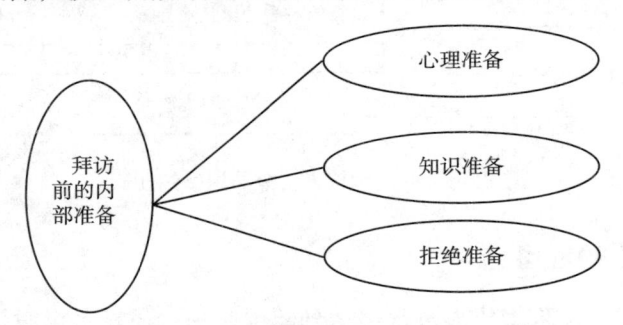

图2-5　保险销售人员拜访前的内部准备

（一）心理准备

无论是久经沙场的老将，还是初涉保险销售生涯的新手，都必须做好心理准备，树立自信心，以积极向上的心态，冷静豁达的态度，迎接销售过程中的一切困难和障碍。

对于一名保险销售人员来说，每一次销售活动都是对自己的一次挑战。要想获得成功，必须克服不良的心理因素，树立和培养健康、有益的心理素质，以爱心和诚心来对待客户，以强烈的自信心来迎接挑战，以恒心来面对客户的拒绝。保险销售人员只有调整好自己的心态，才能在保险销售中越走越稳。

（二）知识准备

上门拜访是销售活动前的热身活动。拜访之前，保险销售人员除了熟悉掌握相关的保险知识之外，还必须掌握其他多方面的知识。因为，保险人员要接触的客户可能是形形色色的，他们所具备的知识层次也是不一样的。如果保险销售人员的知识面很窄，就无法与客户沟通。

保险销售人员需要具备的知识有四种，如图2-6所示。

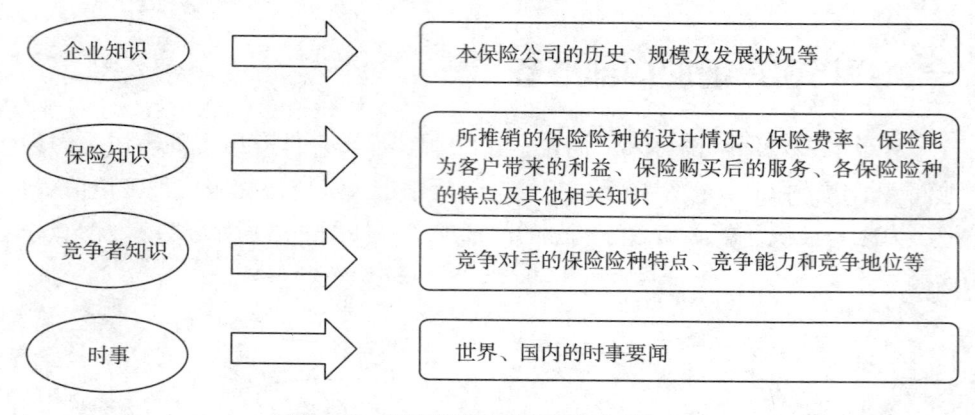

企业知识	本保险公司的历史、规模及发展状况等
保险知识	所推销的保险险种的设计情况、保险费率、保险能为客户带来的利益、保险购买后的服务、各保险险种的特点及其他相关知识
竞争者知识	竞争对手的保险险种特点、竞争能力和竞争地位等
时事	世界、国内的时事要闻

图2-6　保险销售人员需要具备的知识

（三）拒绝准备

很多时候，保险销售人员都会遭到陌生客户的质疑、白眼，这时保险销售人员不应气馁，而应站在陌生客户的角度去想：初次接触一个陌生人，由于双方不了解，谁都会产生本能的抗拒，以保护自己。这并不是陌生客户从内心讨厌你、看不起你。保险销售人员应想办法多与陌生客户沟通，打消其疑虑，逐渐建立起信任感。

二、拜访前的外部准备

拜访前的外部准备工作主要有四方面，如图2-7所示。

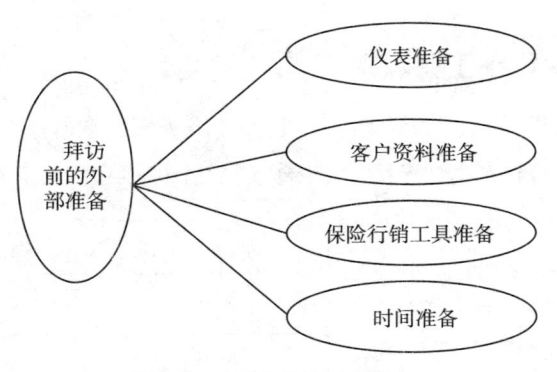

第二章 兵马未动，粮草先行——拜见客户前做好准备

```
                        仪表准备
              
      拜访        客户资料准备
      前的外
      部准备      保险行销工具准备

                        时间准备
```

图2-7 拜访前的外部准备

（一）仪表准备

保险销售人员要想上门拜访成功，对于仪表的准备就显得尤为重要了。保险销售人员应选择与自己个性、年龄、肤色、身材相适应的正装，以体现其专业形象。有些公司，为了让保险销售人员展示出良好的个人形象，甚至还统一正装，给客户留下公司很正规，企业文化良好的印象。

（二）客户资料准备

客户的资料，应包括以下几个方面，如图2-8所示。

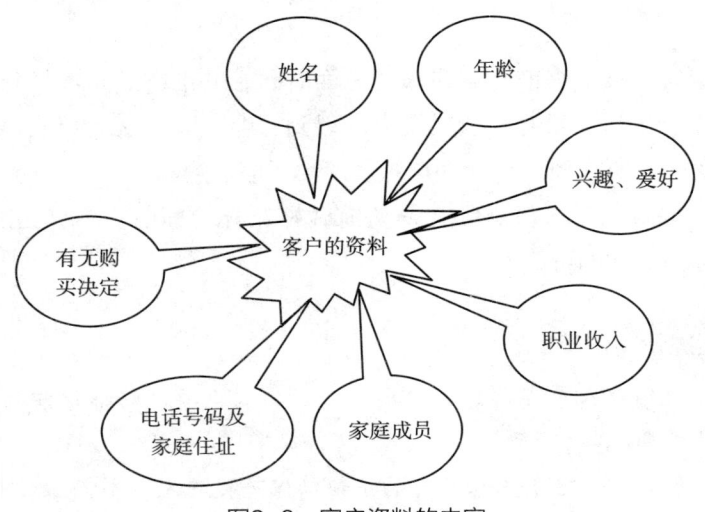

```
         姓名      年龄
                         兴趣、爱好
  有无购
  买决定     客户的资料
                         职业收入
     电话号码及  家庭成员
     家庭住址
```

图2-8 客户资料的内容

（三）保险行销工具准备

保险销售工具包括产品说明书、企业宣传资料、名片、计算器、笔记本、钢笔、价格表、宣传品等。销售工具通常包括四种类型，如图2-9所示。

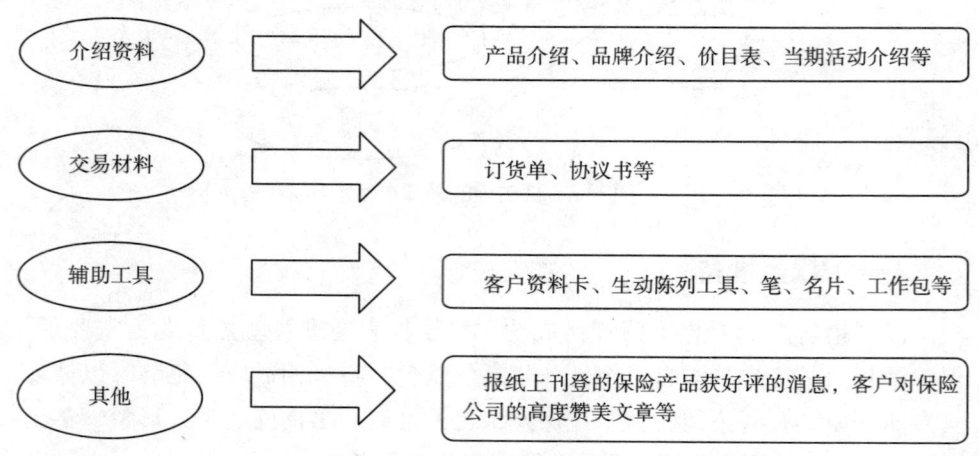

介绍资料	产品介绍、品牌介绍、价目表、当期活动介绍等
交易材料	订货单、协议书等
辅助工具	客户资料卡、生动陈列工具、笔、名片、工作包等
其他	报纸上刊登的保险产品获好评的消息、客户对保险公司的高度赞美文章等

图2-9　常见的保险行销工具

凡是能促进销售的资料，保险销售人员都必须随身携带。调查表明，保险销售人员在拜访客户时，若能有效利用销售工具，可以提高10%的成功率。

（四）时间准备

保险销售人员应提前与客户预约见面时间，并准时到达。早到，会影响客户的工作、生活，给客户造成压力；迟到，会让客户认为保险销售人员没有时间观念，不尊重他，会让客户对其产生不信任感。

总之，保险销售人员必须在拜访前做好充分的准备，不打无准备之仗，才能增加拜访成功的可能性。

> **特别提示**
>
> （1）保险销售人员在拜访前需要准备的内容主要包括拜访前的内部准备和拜访前的外部准备。
>
> （2）拜访前做好准备工作的目的是帮助保险销售人员全面掌握客户信息，树立专业形象，使自己在与客户交谈中处于更加有利的地位。

第五节　滴水不漏——拜访计划订周密

开拓了新的客户，随之而来的是不断地了解、拜访、介绍，逐渐地拉近与新客户之间的距离，争取在客户心中留下好印象，与客户成为朋友。当然，接近客户，与客户成为朋友是一个相当漫长的过程，需要保险销售人员多次的拜访，与客户进行有效的沟通才能实现。

保险销售人员要想每次都拜访成功，就必须做好拜访计划。拜访计划的内容如图 2-10 所示。

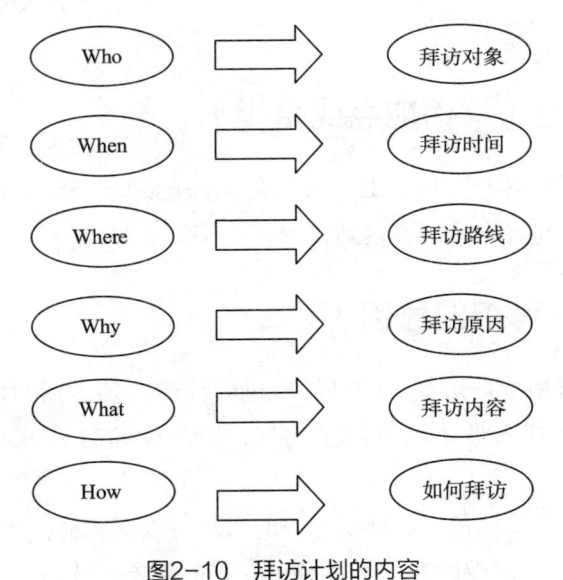

Who → 拜访对象
When → 拜访时间
Where → 拜访路线
Why → 拜访原因
What → 拜访内容
How → 如何拜访

图2-10　拜访计划的内容

一、Who（拜访对象）

在保险销售人员决定第二天去拜访客户时，需考虑到客户的相似性，即把相似的客户放在同一工作日内拜访。客户相似性的具体内容，见表 2-4。

表2-4　客户相似性的具体内容

相似性	说明
地址上的相近性	住在同一地域，或相距很近的客户
经济条件上的相似性	经济条件、家庭结构相似。这决定了这类客户对保险需求的相似，从而他们的保险计划也会相似，这样可以节省保险销售人员设计保险计划的时间

二、When（拜访时间）

选择适当的拜访时间也是非常重要的，只有找到最让客户接受的时间与其进行商谈，才能获得最佳的效果。为此，保险销售人员要了解客户的作息时间。

保险销售人员在拜访客户前，必须通过电话预约的方式与客户敲定拜访时间，以获得最佳效果。

三、Where（拜访地点或路线）

推销员在拜访客户之前，必须设计好最短的乘车路线，以减少消耗在路上的时间，保证与客户见面不迟到，提高工作效率。

四、Why（拜访的原因）

拜访的原因是指拜访客户的目的，也即拜访所要达到的目标。拜访的目的明确，保险销售人员才能掌握主动权，以最少的时间投入，取得最佳的业绩。

一般而言，保险销售人员拜访客户的目的有以下四种：

（1）使客户了解保险产品，并留下良好的印象，让以后客户有购买保险的需求时，能及时与你联系。

（2）给客户报价，并适当给出一些优惠条件。

（3）创造下次拜访的机会，为再次拜访客户奠定基础。

（4）提供售后服务，并深挖客户家庭成员的需求。

五、What（拜访的内容）

拜访客户时，不能一见面就切入销售正题，因为客户在初见保险销售人员时，心理会处于戒备状态。要卸除客户的这种戒备心理，就必须通过与客户闲聊的方式，拉近关系。闲聊的话题应该是客户感兴趣的话题，谈话均围绕这一话题展开，等到与客户之间的气氛变得轻松融洽后，保险销售人员再切入销售正题。

销售正题，即是向客户介绍保险产品或为其制订的保险计划，这部分内容要求保险人员用语简练、易懂，让客户获得相关保险条款、其能获得的利益等信息。在此期间，保险销售人员还需回答客户提出的各种问题，迅速制定出说服客户购买保险的策略。

六、How（如何拜访）

保险销售人员运用何种推销策略，取决于客户的情况和保险销售人员的临场发挥。这就要求保险销售人员事先要对客户的资料进行认真分析，充分考虑客户方面的因素：性格、爱好、文化程度、修养，以及对事物的接受程度等信息，以便制定最恰当的推销策略。

保险销售人员应当针对不同的客户采取不同的应对策略。根据客户的心理特征，可以将客户分为以下几种类型，见表2-5。

表2-5　不同的客户类型以及应对策略

客户类型	客户特点	应对策略
内向型客户	对于外界事物表现冷淡，一般不愿意与陌生人打交道。在对待保险销售人员时，他们无强烈的反应，但对保险产品极度挑剔，对保险销售人员的态度、言行、举止异常敏感	保险销售人员需在初次拜访时给这种类型的客户留下良好印象，并注意投其所好，以便使谈话能继续下去，避免冷场
情绪不稳定型客户	这种客户的心理特点表现为好奇、感情变化快、虚荣。他们往往很情绪化，阴晴不定，常常根据自己的好恶来决定是否购买，属于较感性、易冲动的一类人	针对这一类型的客户，保险销售人员应多从了解他们的兴趣、爱好入手，这样更容易抓住他们的心

续表

客户类型	客户特点	应对策略
刚强型客户	这种客户性格坚毅，对待事物严肃、认真，甚至容易较真，决策谨慎，思维缜密	保险销售人员在这类客户面前应守时守承诺，显示出其严谨的工作作风
神经质型客户	这一类客户对外界事物、人物反应异常敏感，甚至会为了其他人无意说的一句话而耿耿于怀，他们容易反悔，情绪不稳定，易激动	保险销售人员对待这类客户需有耐心，言语一定要谨慎
高傲自大型客户	这类客户在与人交往时喜欢表现自己，突出自己所具有的优越感，甚至认为其他人低己一等，不喜欢听保险销售人员过多的解说，任性，嫉妒心重，面子观念强	面对这种客户，保险销售人员应做好充分的心理准备，防止被他步步紧逼，在谈话过程中，应多听少说，多夸奖他取得的成绩
争论型客户	这类客户好胜、顽固，对事物的判断比较专横，而且喜欢将自己的想法强加于人，征服欲很强	面对这种客户，保险销售人员千万不可意气用事，贪图一时痛快，而应该耐心倾听，然后采用先肯定后否定的方式，说服对方
顽固型客户	这类客户多为老年客户，他们只相信银行，不相信保险，不愿意改变自己原有的生活模式和消费模式，他们对于保险销售人员持怀疑态度	保险销售人员不要试图在短期内改变这类客户，否则容易引起对方的强烈抵触情绪和逆反心理。保险人员应多次拜访，并利用手中的资料、数据来说服对方
畏生型客户	这类客户往往表现为缺乏自信，低估自己，孤僻，逃避。他们不可能将自己的需求主动说出，而一旦有所需求的时候，他们也往往表现得犹豫不决	针对这类客户，保险销售人员宜采用诱导销售方式，使其做出肯定的决策
沉默型客户	这类客户表现为拙于交谈，怕说错话，所以不愿意说话	保险销售人员对这类客户可以提出一些简单的问题挑起他们的交谈欲

特别提示

保险销售活动是保险销售人员与客户的互动过程，这就要求保险销售人员在与客户交谈前，考虑多种因素，制订出合理的拜访计划，如此方能在与客户沟通时实现良好互动。

第六节 举足轻重——保险计划书的撰写

保险计划书是说明保险产品所能提供的保障的有力依据，旨在使客户明白，他能以最少的投入，取得所期望的最大利益。

一、设计计划书的原则

保险计划书是指保险销售人员根据客户的年龄、健康情况、责任、负担、所面临的风险以及潜在的重大风险、已有保障等具体情况，有针对性地为其选择险种、保险金额、赔付等组合而做出的一份最适合客户经济状况的保险计划。

保险销售人员在设计保险计划书前，应对客户的具体情况有清楚的了解，这样才能找准客户的需求，并确定其所能负担的保费、所需的保额。在设计计划书时，保险销售人员应遵循一定原则（图2-11），使客户在发生不幸时能得到全面、及时的补偿。

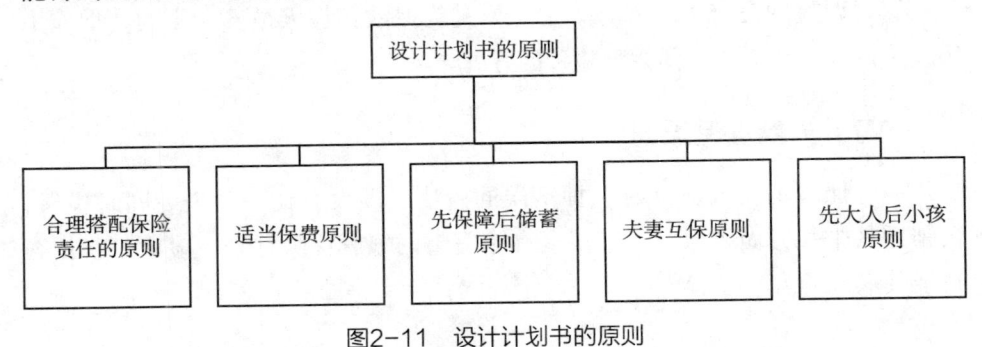

图2-11 设计计划书的原则

（一）合理搭配保险责任的原则

在设计保险计划书时，要分析客户面临的主要风险、次要风险，然后再确定承保责任。确定保险责任的主要根据是客户所需面临的风险。客户在不同的年龄或不同的行业，所面临的风险不同，对保险的需求也不同。如汽车司机、经常在外跑业务的销售人员，他们面临的主要风险是意外事故；对于一些吃青春饭的职业，他们面临着老年生活无着落的窘境，因而需要养老保险。

（二）适当保费原则

保险销售人员在设计保费时，应当考虑到客户的收入状况。保费过高，会给客户日常生活造成影响，客户甚至会因为高昂的保费而苦恼；保费过低，又会降低保险应有的效果。一般而言，合理的保费应为客户收入的10%左右。另外，交费方式一般选为年交，期限一般为10年、20年，对于有经济能力一次性交的，也可以采取一次性交纳的方法。

（三）先保障后储蓄原则

保障型的险种只需客户花很少的钱就可以得到巨额的赔付。但它有两个非常关键的问题：

（1）核保要求较严格，不易通过，因为保险公司需承担很大的风险，这种保险适合年轻人购买。

（2）这种保险越早购买，其保费越便宜，随着年龄的增长，保费会急剧增加。

储蓄型险种没有以上问题，它主要是为保险销售人员养老用的，保险销售人员可以向客户说明储蓄型险种的好处。

（四）夫妻互保原则

一些保险销售人员会有一种错误的做法，即没有让一对夫妻同时投保，仅帮助其中一方做了保险。其实，一个完整的家庭保障计划，应该是包括客户及其家人的。

（五）先大人后小孩原则

许多客户已为人父母，由于不了解保险，仅从自己的观念出发，认为孩子才最需要保障。实际上，这种想法是错误的。保险销售人员应让客户明白，孩子没有经济能力，而其父母一旦发生任何意外，很可能使孩子失去依靠。

二、保险计划书的内容

保险是一种无形的商品，不像其他商品那样可以真实地看到、感受到。要使客户"看到并感受到"这种特殊的商品，并产生购买的欲望，就必须通过一份图文并茂的计划书，直接用文字陈述各种保障利益，用图像强化说明，用通俗易懂的语言对其进行补充解释，使客户产生购买的欲望。保险销售人员在制作计划书时，应讲究创意，内容简洁，并能够强化客户对保险的认知，以帮助客户下定决心购买保险。

好的保险计划书，必须是能满足客户需求的，也是能为客户带来完善保障的一份完整的投资理财建议书。它主要包括七方面内容，见表2-6。

表2-6　保险计划书的内容

计划书内容	具体解释
封面	计划书名称、客户姓名、保险销售人编号、姓名及特别说明
公司简介	公司的历史、现状，展望公司的未来
设计思路与需求分析	对客户的需求进行分析，并理清设计思路，制订出合理的计划书来满足客户
保单特色	计划书的综合特点、综合保障利益
保险利益内容	保险金额、保险费、保险期限、交费方式及各项保险利益的详细说明、效益分析（现金价值表）
辅助资料	其他有助于此份计划的资料、宣传彩页或剪报
结束语	名人名言、公司营业部、地址、姓名、资格证编号、联系电话等

三、保险计划书的写作要求

保险销售人员撰写保险计划书的写作要求主要有三点，见表2-7。

表2-7　保险计划书的写作要求

写作要求	说明
内容翔实	详细说明保险年限、保险金额、所交保费、保障内容等事项
通俗易懂	为了能让不具备专业保险知识的一般客户能够轻松阅读计划书，保险销售人员应用通俗易懂的语言撰写计划书，切不可大量使用晦涩难懂的专业词汇
量身定做	客户的职业、收入水平、家庭构成等因素都制约着客户的需求，因此，计划书必须根据客户的实际情况来设计

保险计划书实例

客户资料

李先生，男，35岁，某私营企业总经理，已婚并有一子，现年2岁；妻子无工作。年薪30万元，但不享受医疗保障。

保险计划书

常言说，身体是革命的本钱，没有身体，就没有安定的工作、稳定的收入、幸福的家庭、成功的事业。如果患上顽疾，因为没有买保险，需花费高昂的医疗费，会对家庭造成很大的负担。所以我们建议您为自己买份保险，为家人买份安心。

投保类别

险种名称	保障金额（万元）	缴费年期（年）	保险费（元）
常青树终身男性重大疾病分红保险	80	20	28740
平安住院安心三档	20	每年	620
合计	100	每年	29360

保险利益

（一）大病医疗保障

（1）若被保险人初患一类重大疾病，立即给付52万元赔付金，并豁免以后各期保费。

（2）若被保险人初患二类重疾，立即给付15万元赔付金，并豁免以后各期保费，保单继续有效。

（二）住院治疗保障

（1）一般疾病住院，每天给付津贴120元，最多给付365天/1年。

（2）癌症住院，每天给付津贴300元，最多给付180天/1年。

（3）器官移植费为100000元1年，手术医疗保险金10000元。

（三）身故保险金

疾病或意外死亡，保险受益人获赔80万元，并另加每年分红。

（四）终身分红

每年的保单周年日都有分红，直至终身。可安享机构理财的优势，成为保险公司的终身股东（注：保险公司去年分红险业务分红为11%）。

（五）其他利益

可办理"生命平安提前给付""减领交清"，提前享受保障、保单贷款、国内外急难援助等。

计划特色

（1）保障全面。既有重大疾病保障，又有一般疾病保障，且每年分红，是目前国内保障项目较全面、内容较广泛的重大疾病险。

（2）安享机构理财优势，具有保障加投资功能。每年有分红，直至终身。

（3）如果选择分红交清增额方式，保额可递增。由于年龄越大患病可能性就越大，该险种充分为客户着想，在享受终身重大疾病基础上，还有终身养老保障，有病防病，无病养老，如到60岁，每月可享受10551元养老金。

（4）该保险公司是目前国内批准经营投资连接保险的保险公司之一，且可以100%进入证券投资基金。

（5）住院保险是唯一有保证续保的。即三年之后自动进入保证续保，即使有重大疾病也不能拒保，不能加费，是真正的医疗保障。

中国××保险公司 ×× 分公司 ×× 先生

电话：×××××××× 手机：××××××××××

第三章 身临其境
——与客户面对面交流

第一节 一见如故——留下深刻的第一印象

客户在与保险销售人员初次交往中，对其有良好印象，那么客户与其继续交往的可能性就会增加。所以，在与客户初次见面时，保险销售人员应力求使自己在客户心中留下良好的印象，这样才能获得与其进一步沟通的机会。

第一印象，也称首次印象，是指人与人之间在第一次交往中留下的印象。

一、良好的第一印象带来的效果

保险销售人员给客户留下良好第一印象的效果有四种，如图3-1所示。

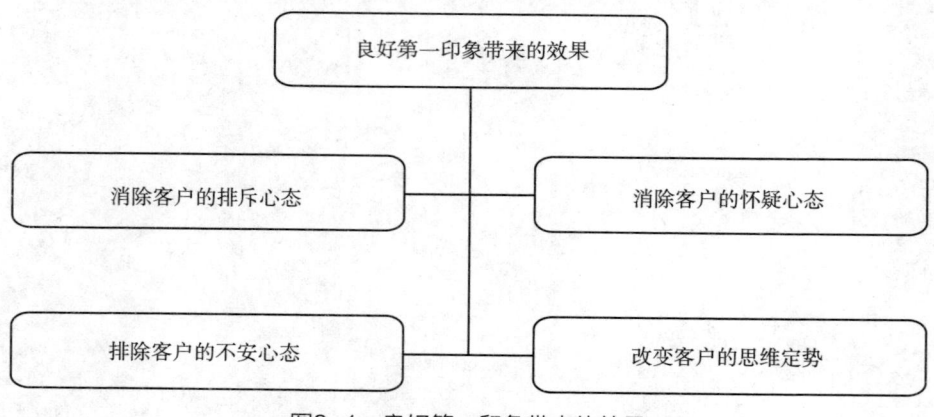

```
              ┌─────────────────────┐
              │  良好第一印象带来的效果  │
              └──────────┬──────────┘
       ┌─────────────────┼─────────────────┐
┌──────┴──────┐                     ┌──────┴──────┐
│ 消除客户的排斥心态 │                 │ 消除客户的怀疑心态 │
└─────────────┘                     └─────────────┘
┌─────────────┐                     ┌─────────────┐
│ 排除客户的不安心态 │                 │ 改变客户的思维定势 │
└─────────────┘                     └─────────────┘
```

图3-1 良好第一印象带来的效果

二、留下深刻印象的方法

保险销售人员给客户留下深刻印象的方法有八种，如图3-2所示。

第三章 身临其境——与客户面对面交流

```
                    留下深刻印象的方法
                    ┌──────┴──────┐
    利用约访电话或信件            见面之前先拟订推销的重点
    衣着整洁大方                  说好开场白
    以姓氏加职务称呼客户          表现得彬彬有礼
    清楚地介绍自己                说话时要面带微笑
```

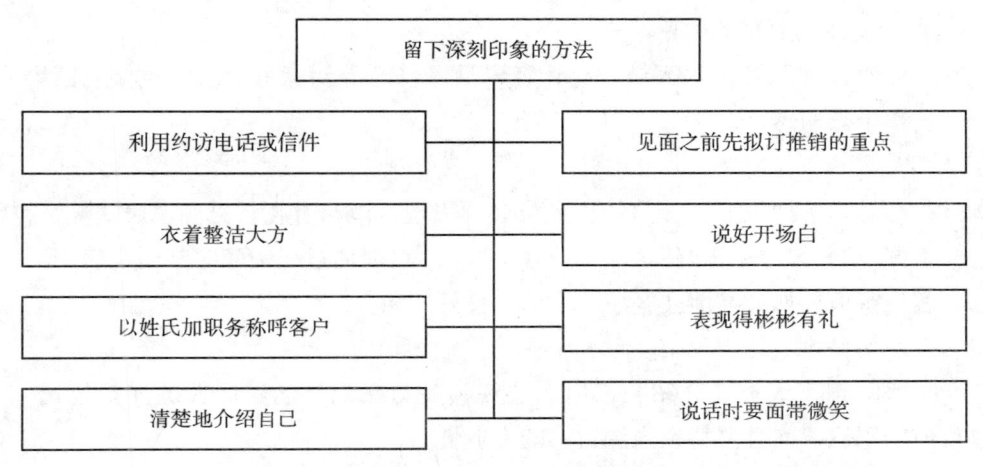

图3-2　保险销售人员给客户留下深刻印象的方法

1. 利用约访电话或信件

根据电话约访技巧打约访电话，或根据客户的实际情况写约见信，让客户在见到保险销售人员之前就对其产生好感。电话或信件约访需注意两个问题：不能在电话或信件中毫无理由地赞扬客户，否则有溜须拍马之嫌；约访谈话不能千篇一律，信件约访不能打印了数张一样的表格，只填名字就寄出。

2. 见面之前先拟订推销的重点

保险销售人员在向一个完全陌生的客户销售保险时，给对方留下好印象比表现自己的才能更为重要。初次见面，保险销售人员要在客户心中建立良好的第一印象，就应先拟定一套推销自己的计划，然后按部就班地实施，如此才能达到好的效果。

3. 衣着整洁大方

整洁大方的衣着是各种角色或职业人士所共同认可的一种标准。保险销售人员衣着既要同自己的身份相符，又要照顾约见的客户的习惯。保险销售人员虽然不能摸清每一个客户的价值取向、偏好与禁忌，但对于要拜见的客户必须在拜见前有大致的了解，做到衣着因客户的喜好而异。

4. 说好开场白

客户在听保险销售人员说开场白时，要比听后面的介绍认真。因此，同客户见面前，保险销售人员应设计好一套能吸引客户往下听的开场白。

5. 以姓氏加职务称呼客户

以姓氏加职务称呼客户，会让客户觉得自己受到尊重，从而对保险销售人员产生亲切感。

6. 表现得彬彬有礼

与客户首次见面，保险销售人员必须表现得谦恭有礼。见面说声"××，早上好""××，中午好""××，晚上好"，在谈话过程中应时常用礼貌用语与客户寒暄，如此才能在客户心中留下良好印象。

7. 清楚地介绍自己

保险销售人员在介绍自己时，要说清楚自己的姓名、所在的保险公司、目前的职位，而且要特别强调自己的专业性。

8. 说话时要面带微笑

微笑在社交中能发挥极大的效果。当保险销售人员面带微笑地出现在客户面前，遭到当场拒绝的可能性极小。

> **特别提示**
>
> 初次见面，因为客户对保险销售人员素未谋面，所以，保险销售人员必须留意语言、衣着等方面内容，以便能在客户心中留下良好的第一印象。

第二节　林籁泉韵——营造和谐的交谈氛围

保险销售人员和客户在交谈时，谈话的气氛是否和谐直接影响到谈话的效果。为了让客户毫无顾忌地畅所欲言，保险销售人员就必须营造出良好的交谈氛围。

保险销售人员想尽可能营造出良好的交谈氛围，就必须做到以下几点，如图3-3所示。

```
                    ┌──────────────────────┐
                    │ 营造良好交谈氛围的要求 │
                    └──────────┬───────────┘
         ┌─────────────────────┼─────────────────────┐
  ┌──────┴──────────┐                       ┌────────┴────────┐
  │ 选择恰当的交谈话题 │                       │ 交谈中态度需诚恳 │
  └─────────────────┘                       └─────────────────┘
  ┌─────────────────────┐                   ┌────────────────────┐
  │ 交谈中寒暄要热情、大方 │                   │ 交谈中要多使用赞美的语言 │
  └─────────────────────┘                   └────────────────────┘
  ┌─────────────────────┐
  │ 谈话者之间的距离要适中 │
  └─────────────────────┘
```

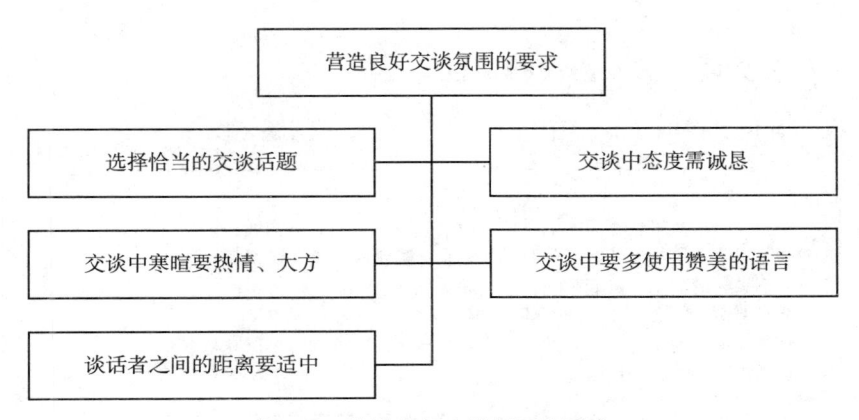

图3-3 营造良好交谈氛围的要求

一、选择恰当的交谈话题

保险销售人员在与客户初次接触时,可以通过"拉家常"的方式进行交谈,尽量选择轻松的话题或客户感兴趣的话题,多耐心倾听客户说话,了解其事业、家庭的情况以及今后的希望和打算等,并从言谈中了解客户的性格、兴趣和爱好。

(一) 常见的交谈话题

在进行保险销售时,保险销售人员与客户常见的交谈话题有七种,见表3-1。

表3-1 常见的交谈话题

话题	情景模拟
仪表、服装	"阿姨这件衣服款式真好,您是在哪里买的?"
乡土、老家	"听您口音是河南人吧!我也是……"
气候、季节	"这几天热得出奇,去年……"
家庭、子女	"我听说您家女儿是……"
饮食、习惯	"我发现一家口味不错的餐厅,下次咱们一起尝一尝。"
住宅、摆设	"我觉得这里布置得特别有品位,您是搞这个专业的吗?"
兴趣、爱好	"您的歌唱得这样好,真想和您学一学。""我们公司最近正在办一个老年大学,其中有唱歌这门课,不知阿姨有没有兴趣参加呢?"

（二）交谈中需要避免的话题

在与客户交谈时，保险销售人员应避免如下问题（图3-4）。

◆ 有关政治及宗教方面的话题，以免发生冲突从而影响沟通
◆ 客户不知道的事情，以免让客户感觉保险销售人员在轻视自己
◆ 不景气的消息，可能影响客户的购买欲
◆ 对上司、同事、公司的不满
◆ 其他客户的秘密，这样做显得保险销售人员不能为客户保守秘密
◆ 说同行竞争者的坏话

交谈中需要避免的话题

图3-4　交谈中需要避免的话题

二、交谈中态度需诚恳

保险销售人员在和客户交谈时态度应认真诚恳。这是尊重客户的体现，能在双方均认真交谈的过程中寻找到共同点，彼此了解才可能拉近关系，否则，客户娓娓而谈，保险销售人员表情漠然、心不在焉，态度毫无诚恳可言，必然会使正在进行的交流很快中止。另外，在交谈中，以认真诚恳的态度关注交谈的内容与交谈者，还能使保险销售人员得到客户的信任，交谈的氛围也随之进入良好的阶段。

三、交谈中寒暄要热情、大方

"万事开头难"，交谈一般是从问候和寒暄开始的。寒暄不仅是一种必不可少的客套，还是交谈者之间进行感情沟通的开始。成功的寒暄可以迅速地缩短双方之间的感情距离，调节气氛，增加交流。因此，保险销售人员在与

客户寒暄时应尽量表现出谦恭、大方、热情。下面是一位保险销售人员刚进一位客户家时,与客户的寒暄。

  保险销售人员:"你家里布置得这么有情调,一看就知道你们夫妻很有品位,先生是做哪一行的?"
  客户:"哪里,他和我一样都是老师。"
  保险销售人员:"喔,你们夫妻都是老师,真可谓是书香门第了。(看到茶几上的儿童画)茶几上的这画画得有灵气,是你小孩画的吗?"
  客户:"是。"
  保险销售人员:"他几岁了?"
  客户:"4岁。"
  保险销售人员:"4岁就能画出这么好的画,能不能请教一下,你们有什么教子秘诀?"
  客户:……
  保险销售人员:"你对小孩未来的教育规划是怎样打算的?"
  客户:……
  保险销售人员:"现在,很多父母都给小孩投保教育保险,在这方面你们有没有考虑过?"

四、交谈中要多使用赞美的语言

  保险销售人员在和客户的谈话中,要适时地夹杂一些烘托气氛的赞美话语。说些赞美的话主要是抬高一下对方的虚荣心。大凡是人从心理上都不会因为别人的表扬而不愉快的。无论是谁都是希望得到对方赞美的。
  人人都喜欢听好话、被奉承,作为一名保险销售人员,要善于快速从客户身上发现优点,并赞美他。巧妙地赞美客户,能帮助保险销售人员获得通向客户心灵的通行证,善用赞美也是有力的销售武器之一。例如,保险销售人员进入客户家看见客户家干净整洁,可以说:"您家真干净,您一看就是个勤快的好主妇。"
  赞美是一种很好的沟通方式,但不要过度、夸张的赞美,赞美需真诚、自然、发自内心,有事实、有根据地赞美。过度、夸张的赞美只能给客户留下不好的印象。

五、谈话者之间的距离要适中

保险销售人员必须明白：无论两人交谈还是多人交谈，交谈距离要以能够听清谈话方的内容为宜。社区的交谈若为熟人，距离一般是 1 米，若是陌生人则在 1 米以上。个人交谈的对象若是关系更为密切的一些朋友，距离在 0.5 米左右。如果保险销售人员盲目接近不熟悉的客户，会让客户心理上感到压抑，进而破坏谈话气氛。

> **特别提示**
>
> 交谈是所有商务交往中的社交语言。交谈不仅包括与客户说话的方式，还包括你的声调、身体语言和词汇的选择。一名优秀的保险销售人员应做到能言善听。

第三节 勇于面对——做好陌生拜访

陌生拜访，即保险销售人员直接向不认识的人介绍、销售保险，拜访陌生人是最直接也是最艰苦的销售工作。并且由于是陌生人，取得成功的概率也极低。然而拜访陌生人更能磨练保险销售人员的意志，同时，也能使保险销售人员迅速成长，从中学到许多与人交往的技巧。

一、陌生拜访应遵守的原则

保险销售人员要积累一定数量的客户，陌生拜访不失为一个好办法。一名优秀的保险销售人员永远把陌生拜访当作自己开拓客源的主要方法之一。

陌生拜访是一个很讲技巧、原则的方法。保险销售人员要想从平凡到优秀，就必须遵守以下原则，如图 3-5 所示。

> ◆拜访必须有一个特定的目的。如向客户推荐"儿童保险""意外医疗保险"等，但主题应随客户的需求而定。
> ◆使用适度的成交技巧。
> ◆留给客户良好的第一印象。
> ◆除非保险销售人员已进入客户办公室或家里就座了，否则不要在大庭广众下谈论保险。
> ◆千万不要批评客户现有的保险计划。

图3-5　陌生拜访必须遵守的原则

二、陌生拜访的基本程序

陌生拜访不是天女散花似的毫无目的，而是事先经过选择的。有些保险销售人员喜欢将学校机关或企业团体列为陌生拜访的对象；有些保险销售人员喜欢将年轻从业者列为陌生拜访的对象。不管拜访对象是哪类人，在拜访之前，都必须准备好拜访对象的基本资料，同时以不达目的绝不罢休的心态，去开拓陌生客户。

陌生拜访的基本程序见表3-2。

表3-2　陌生拜访的基本程序

基本程序	具体说明
自我介绍	保险销售人员必须用清晰的语言说出自己的名字和保险公司的名称
感谢客户的接见，然后寒暄几句	在这过程中，可根据事前对客户的准备资料表达对客户的赞美，或根据具体的情况，就双方都熟知的事情寒暄几句
表达出拜访的理由	这一步是最重要的，也是最困难的。但不管多困难，也一定要以自信的态度，清晰地表达出拜访的理由

要做好陌生拜访，最关键的是要快速引起客户的注意和兴趣。所以，应该尽快向客户传达一些有用的信息，快速表达出能帮助客户解决面临问题的意向和能力，迅速提出客户能获得哪些重大利益。

特别提示

在每次与陌生客户交谈后，保险销售人员要将拜访客户的情况做一个总结，反省，检讨不足，并及时做出改进。

第四节 至关重要——揣摩客户的投保心理

客户投保心理就是客户在购买保险产品时的一系列心理活动,它是影响客户投保行为的内在因素,包括个人的动机、态度、感觉等心理特征。了解研究影响客户投保心理的因素,可以帮助保险销售人员熟悉客户在投保时的心理活动,采取有针对性的策略,因人而异地做好保险销售工作。

一、影响客户投保心理的因素

影响客户投保心理的因素如图3-6所示。

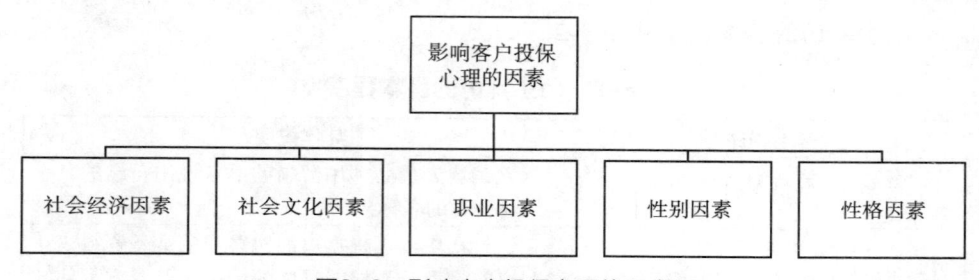

图3-6 影响客户投保心理的因素

(一)社会经济因素

客户消费的水平主要取决于社会生产力的发展程度和客户的经济收入与产品的价格。自1978年改革开放以来,我国经济发展一直保持强劲势头。随着整体经济水平的发展,人们收入和储蓄在不断增长,而且收入分配格局也发生了较大变化,收入逐步向个人倾斜。这种较高的储蓄水平和收入分散的格局无疑会刺激客户对保险产品产生需求,对保险销售事业的发展起积极作用。

当然,也应当看到的是通货膨胀这只保险发展的拦路虎,抑制着人们对保险的需求。不恰当的经济政策会使进入流通领域内的货币量不正常地增多,过多的货币破坏了货币市场与商品市场保持均衡的条件,形成通货膨胀,货币贬值。这时,人们宁愿提前消费,而不愿延期消费。尤其对具有储蓄功能的保险投保人来说,通货膨胀会动摇他们的信心,因此必然会抑制一部分人的投保需求。

经济的发展既为保险销售制造了良好的机会,但经济发展中出现的问题也对保险销售人员提出了新的要求,保险营销人员如果把握住经济发展的脉搏,也就把握住了成功的机会。

(二)社会文化因素

文化是影响消费心理的重要因素。文化的范畴很宽,包括一切物质文化和精神文化。我国是有着几千年文明史的泱泱大国,吃、穿、住、行及精神生活,无不凝聚了深厚的文化内涵。而众多的消费者更是因民族、性别、年龄、职业、受教育程度等方面的差异,形成了各自不同的文化背景,导致了消费心理的千差万别。在中国经济文化中,神和宗教长期为人们所普遍接受,在一定程度上满足了人们对安全的需求,淡化了保险意识,增大了保险销售的难度。消费者个体的文化程度,对投保心理更具有直接的影响。表3-3是一份关于文化对客户投保心理影响的调查情况。

表3-3 文化程度对客户投保心理影响调查表

客户的受教育程度	对保险的态度
没受过正式教育的客户	这类客户往往是冲动型和从众型消费者,他们受他人影响比较大,因此在保险销售人员热情讲解下,比较容易做出投保决定
大专以上文化程度的客户	学习能力强,综合消费能力也强,再加上他们往往都有一份稳定且收入不错的职业,所以他们对保险的购买力自然要强一些,有着巨大的市场潜力
"小学""初中""高中/中专"文化程度的客户	具有一定的学习能力和消费能力,但他们一般属于收入不高的中下阶层,非常希望能看到眼前利益,对于保险这种长远投资,他们会仔细盘算,有所保留,因此,他们的购买比例不高。但由于他们的人口基数巨大,这部分市场也不容忽视

(三)职业因素

客户职业的不同,投保心理和投保行为也不同,具体见表3-4。

表3-4 不同职业的客户对保险的态度

职业	对保险的态度
管理、科研	这类客户文化层次高,消费能力强,他们对商品的感知辨别能力、分析评价能力以及购买时的决策能力都较一般消费者强,所以对保险的意识需求自然也强一些,购买比例较高
个体、待业	这类客户一般都不享受社会福利,出于自我保护的目的,出于求稳的心理,对保险有一定需求
国家单位、事业单位	这类客户一般都集中在政府机关,享受国家的劳动待遇,相对地对保险的需求就少些
职员	这类客户受经济收入所限,投保积极性不高,购买比例不高,但还是有市场潜力的
学生	这类客户一般没有独立的经济能力,买保险要依靠家庭,所以购买的比例不会很高

(四)性别因素

性别的不同,其购买心理和行为也不同。一般而言,男性消费者较理性,较强调阳刚气质,较易接受稳重可靠的产品;而女性消费者较感性,较强调温柔气质,较容易接受花俏可爱的产品。

作为保险产品,因为它的无形特征,缺乏可靠性,又因为它的本质在于体现爱和永恒的责任,因此,无论从理论上,还是从保险推销实践来看,可以肯定地说,保险商品更能激发女性消费者的购买欲望,而男性消费者持冷静观望态度居多。因此,在性别这个因素中,女性消费者应该是保险销售人员销售的主要对象。

(五)性格因素

性格是一个人比较稳定的心理特征。有的人活泼、敏捷,有的人忧郁、行为迟缓,这就是性格不同之故。客户因性格差异可以形成不同的投保心理和投保行为,保险销售人员应对不同性格的客户采取相应的应对策略,见表3-5。

表3-5 不同性格的客户的特点及应对策略

客户类型	客户特点	保险销售人员的应对策略
理智型的客户	购买行为比较冷静,在购买保险时,一般要细致观察,慎重挑选,反复比较,不大容易受宣传、广告的影响	保险销售人员在向此类客户介绍险种时,最好让他们仔细研究条款,多举实例
冲动型的客户	情绪容易激动,容易受广告宣传影响,心境变化剧烈,喜欢新产品	保险销售人员在向此类客户介绍险种时,应尽量做到以情感人,从情感上打动他,驱动他做出立即购买的决策

二、客户的投保消费心理分析

动机是影响客户购买行为的主要因素,它是人体内在的主动力量,能够驱使、促使客户为了达到一定的目的而进行消费活动。客户参与保险活动,同样也是受一定心理支配的。保险销售人员应在与客户的交谈接触中认真揣摩和分析客户的消费心理,利用其消费心理引导其采取购买保险的行为。

客户常见的投保心理有七种,如图3-7所示。

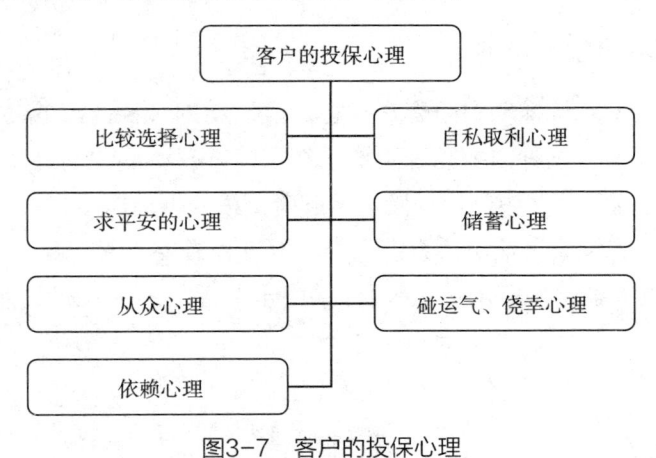

图3-7 客户的投保心理

客户的投保心理:比较选择心理、求平安的心理、从众心理、依赖心理、自私取利心理、储蓄心理、碰运气、侥幸心理

(一)比较选择心理

与其他消费行为一样,客户在保险消费时也有着比较选择的心理。他们会根据能够获得的市场信息,对各种保险产品及其可能的替代品(比如投资

型的险种和储蓄之间有一定的替代作用）进行比较，通过分析其价格和质量，从而选择对他们来说效益最大的产品。

（二）自私取利心理

受自私取利心理驱使的保险消费行为往往置保险公司于不利。如上所述，保险消费具有个人性，因为保险标的发生危险的可能性以及发生危险的程度，在很大程度上受保险客户自身行为的影响。而投保过程中，投保人和保险公司之间存在显著的信息不对称。

自私取利心理的保险客户十分清楚保险公司的职能、经营方法以及有关的规定，他们把保险当成了牟利的阶梯。他们在保险中不择手段，或超额投保或隐瞒投保条件，故意把预计必定要发生的危险转嫁给保险公司。比如私人危房、集体危房投保，等等。甚至有一些人会故意制造保险事故来骗取保险公司的赔偿，比如人为制造失窃的假象，骗取保险公司的财产保险赔偿。这种心理虽然促使了部分保险消费行为，但是这种消费行为本身是不利于保险业发展的，随着商业保险相关法规的健全以及经营的规范化，这种投机心理也会趋于减少。

（三）求平安的心理

保险动机是直接推动保险客户进行保险活动的一种内部的动力。它是一种对保险的需要，这种需要是客观要求在保险客户头脑中的反映，其表现为保险意向、愿望等的产生，对保险消费起着积极的推动作用。

美国的心理学家马斯洛认为，人类具有五种需要（图3-8），安全需要是仅次于生理需要的基本需求，这种需要对于保险消费有着积极的促进作用。

图3-8 马斯洛需要层次理论

（四）储蓄心理

随着保险业的发展，越来越多的投资型险种得到了推广，比如当前的子女教育婚嫁保险、养老保险等都有投资储蓄的特点。一些人在经济条件允许的情况下，就会考虑这类保险。这类险种一方面具有安全保障的作用；另一方面还有储蓄保值的作用。这种心理对于保险消费也有积极的促进作用。

（五）从众心理

从众心理在保险消费中也是普遍存在的，受社会风气、消费阶层、社会群体等因素的影响，人们会产生某种与其职业阶层、群体保持一致的心理。一些人听周围的人说保险是件好事就投保，这种人投保具有盲目性，他们往往并不清楚保险的内涵和意义，这种由从众心理导致的保险消费往往不是持久的。

1997年年底，保险出现了几近脱销的火爆场面。在"抢购风"中，有大批一哄而上、人云亦云的盲目者，到第二年续交保费的时候，才发觉自己的经济实力没有办法承担如此高额的保费，年复一年地续交下去力不从心，不少人被迫退保，退保除了给双方带来损失，一些退保者还常因费用损失与保险公司争论或投诉。

因此，从众心理尽管在一定时期内对于保险消费会起到促进作用，但是这种促进作用并不持久。

（六）碰运气、侥幸心理

在前面的分析中说到保险消费的结果依赖于在规定的时期内，符合合同规定条件的事件是否发生，保险消费的不确定性导致了客户的碰运气、侥幸心理。

一部分客户认为危险可能发生，他们凭着碰运气心理，指望交纳较少的保费得到一笔丰厚的赔款。但是如果经过一段时间后，没有保险事故发生，便自认为投保毫无必要，预防灾害是杞人忧天，这时候他们的防灾性心理就会消失，而侥幸心理却占了上风，最终导致退保，这类客户的投保动机不稳定，这种心理不能持久地促进保险消费，对保险消费有着阻碍作用。

（七）依赖心理

影响保险消费的还有依赖心理。这类心理部分受到了过去计划经济的影响，他们认为发生了意外，个人可以靠单位，单位可以靠国家财政或是民政救济。同时，中国人传统的朋友互相依靠、父母靠子女、子女靠父母心理也很大程度上促使了人们的依赖心理。在这种心理的影响下，一部分人不是采取保险的方式防备危险，而是依赖于亲人、朋友或是单位、国家。这种心理导致了部分人对于保险消费的淡漠态度。

三、制约保险需求的因素

制约客户保险需求的因素有五种，如图3-9所示。

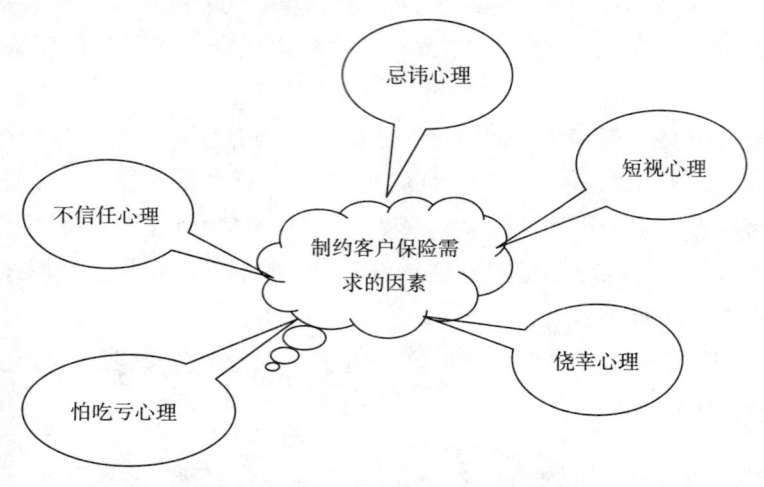

图3-9　制约客户保险需求的因素

（一）忌讳心理

我们民族有一种特殊的心理习性，也可以说是一种民族亚文化。比起其他民族，我们总是愿意听到好听的、吉祥的话语，而特别忌讳像死亡、疾病、意外事故、灾难，等等，对这些不吉利的事情甚至不愿意提及，避而远之。但保险总是与这些事情联系在一起的，因而一些刺耳的话总是免不了要提到。人们特别是中老年人在忌讳心理支配之下，往往在思想上就认为保险不吉利，难以接受，这在很大程度上制约着保险销售的成功率。如果保险销售人员能巧妙地处理好这个问题，将对其推销工作大有裨益。

（二）短视心理

保险有别于一般的商品，它看不见、摸不着，除了一纸合约，客户手中并无实质性的东西，所以，人们对保险总不免多一分担心。况且长期寿险还要在很长一段时期内分期不断付钱，其利益一般很少在短期内享受到，而大多数人都不免着眼于享受即时的、眼前的、看得见的利益，在做未雨绸缪的长远打算时显得犹豫不决。实际上这种只顾眼前利益的短期效应心理，会给客户带来后患，一旦发生灾害事故就叫苦不迭。

（三）侥幸心理

有的人认为，自然灾害、意外事故毕竟只是个别现象，怎么就偏偏会落到自己头上呢？像健康状况良好的青年人，很少受疾病或死亡的困扰，与他们谈论保险，他们会认为是杞人忧天，与其为一些遥不可及的事情做准备，还不如目前吃喝玩乐更好。还有的人认为"福祸无门，唯人自招"，只要自己处处小心，事事防范，就不会招灾惹祸，就没有必要购买保险。显然，这种侥幸心理害人不浅。在现实生活中，灾害和意外事故随时都有可能发生，不怕一万就怕万一，这万分之一摊到自己头上也是百分之百啊！在保险实务中这种例子举不胜举，留给受害者的只是无尽的悔恨和遗憾。

（四）怕吃亏心理

在人寿保险中，保险的受益人很大部分并不是保险的投保人，所以，一些投保人会认为自己投钱而别人受益很不划算。在现实中，我们经常会听到像"我现在买少儿平安保险，将来领钱的却是我儿子，我又没有享受到"，或者"我死后保险公司才赔偿，对我来说还有什么用呢"等等诸如此类的话。有的投保人在购买保险的时候，总将保险与储蓄、炒股作比较，把本金产生收益的最大化作为自己的第一考虑因素，十分计较购买保险比之于储蓄、炒股、买债券是否划算。还有客户买了保险因没有保险事故发生而得不到补偿，就认为自己吃了亏，心理不平衡，后悔参加保险，也就不愿意继续购买保险了。这些思想都在某种程度上忽略了保险的保障功能，没有考虑到保险会在家庭、个人陷于危机的时候，能够给予自己雪中送炭似的帮助。

（五）不信任心理

目前，社会上很多人对保险公司有一种不信任的感觉。有的人认为，保险公司卖保险是为了赚钱，交保险费是白给人家集资，自己得不到什么好处，而保险公司永远不会吃亏，所以不愿意买保险。有人基于以往在高度计划的条件下对保险的认识，认为保险公司是国家变相地向企业和个人摊派、集资，从人们手里多挖一些钱罢了，真遇上严重自然灾害，如地震、洪水，保险公司都不一定存在了，买保险根本无用。还有人忧虑：保险公司属于商业企业，在市场竞争中很可能因为经营不善而陷入经济危机，倒闭了怎么办？这时候保险公司一拍屁股走人，保险岂不是白买了！这些心理因素在很大程度上抑制了人们的保险需求，为保险的普及增加了无形的障碍。之所以产生这些心理，是因为人们对风险和保险的认识不足，对它们缺乏了解，甚至还产生误解。我国正处于转型时期，旧有的思想观念还在相当程度上左右着人们的心理，使人们仍然在旧的思路上徘徊。计划经济体制下，企业和个人的风险基本上都由国家财政负担，灾害事故的发生自然就难以对人们的心理造成深刻冲击效应，因而在目前一些人对风险逐步由自己承担的心理准备不足，陷入一些心理误区。

> **特别提示**
>
> 保险销售不同于一般的产品销售，保险销售人员与客户当面商谈，实际上是一种高难度的销售及交往活动。在与客户交谈时，保险销售人员必须根据客户的不同个性，不同投保心理，制定出不同的策略。

第五节　万无一失——确保充分的产品说明

一、对保险产品进行说明时应注意的问题

保险销售人员在对保险产品进行说明时，应注意以下问题（表3-6）。

表3-6 对保险产品进行说明时应注意的问题

问题	具体说明
产品内容的说明要简要、完整	在说明产品前,要准备好说明稿,并需对说明稿里的每一产品知识点都了如指掌
确定客户完全了解说明的内容	在说明的过程中要不时地询问客户是否明白你的意思,证实客户真正了解了保险内容
保持微笑及耐心	在对保险产品说明时要始终保持微笑,创造一个轻松愉快的环境,消除客户的紧张感,面对客户的疑问要有足够的耐心,解说时要用不急不慢的语气
说明要具有说服力	适时举例,使用比喻。使用较为生动的语言以及客户熟悉的人物及事件,生动具体形象地把有关保险的知识表达出来,以便于客户理解,并激发其购买欲望
禁用忌讳语	中国人比较忌讳赤裸裸地谈到伤残、死亡、大病等情况,所以,说明保险产品知识点时应尽量避免使用"你死了以后"或"伤残了"等,以免客户在听了这些话后产生不良情绪
突出重点	一份综合保险计划涉及的内容非常多,要在尽可能短的时间内将所有内容清楚地讲解完有一定的难度,这要求保险销售人员能突出其中的重点内容
尽量使用生活用语	尽量避免使用专业术语,采用生活化、口语化的语言来说明,以方便准客户理解
熟悉专业知识	对保险条款、保险费率、其他公司的同类产品等情况要非常熟悉,以建立起在客户眼中的专业形象,也只有表现得专业,客户才会放心地购买保险

二、产品说明的八大技巧

产品说明的九大技巧如图3-10所示。

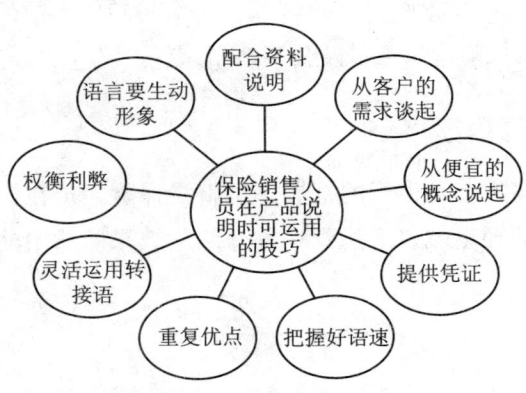

图3-10 产品说明的九大技巧

（一）配合资料说明

保险销售人员可以利用公司统一印刷的宣传资料向客户展示产品，直截了当地阐明某一险种的各项利益、期限、保费等内容，并说明其特点。除了宣传资料，还可以用图表、简报、建议书等资料加以说明。

保险销售人员展示有关保险宣传资料要讲究方法：资料位置要摆在客户的正前方，资料在重点处画线，并用笔指引，每一份资料配合一段话，几份同类资料变成一串资料；要练习一边说话一边翻资料的熟练动作。

（二）从客户的需求谈起

保险产品的主题，是要从附加险说起，还是从主险说起，这完全视客户的情况而定。如果客户的购买需求是储蓄，那么可以从人寿险谈起；如果客户的购买需求是疾病，就可从大病保险开始谈起。

（三）从便宜的概念说起

许多保险销售人员有过这样的经历，客户只要听说一年需几千上万的保费，就会眉头紧锁，神情紧张。但如果听到"一天80元钱"，客户就可能欣然接受保费价格。所以，保险销售人员在与客户谈保费时，应将保费分解到天，这样可以减少高额保费给客户带来的压迫感，有利于达成交易。

（四）提供凭证

保险销售人员要想使客户相信自己的解说，还需提出一些证据，比如，保险的荣誉证书，一份客户满意的名单，一本装满感谢信的文件，等等。这都将有助于客户对保险销售人员及公司产生信任。

（五）把握好语速

语速的把握实际上是声音的把握，也就是保险人员在针对客户进行产品说明时，用声音的轻重缓急来达到一种介绍的效果。适中的语速能够创造出良好的声音魅力。

（六）重复优点

在客户第一次听到保险销售人员述说产品优点时，可能不会完全领悟到其中的深意，这时，保险销售人员应用不同的说法将产品优点进行多次介绍。

（七）灵活运用转接语

在建议书解说完成后，应运用转接语将话题带到下一个话题上。这样做一方面可以流利地转到下一个话题，使客户无形中跟着保险销售人员的思路思考问题；另一方面，不会因解说中断而造成冷场，但转接语一般应是客户比较熟悉的，这样才能保证它的说服力。

（八）权衡利弊

为了促成交易，必须从客户的利益出发，帮助客户权衡利弊。既不能为了达成交易，而有意回避某些问题，也不要一味地恫吓，使客户过分担心、惧怕。最好的办法是：首先，采取适当的手段加强客户的危机感和紧迫感，使其产生购买欲望；其次，抓住客户关心的问题，详细阐述，使客户能够权衡利弊做出选择；最后，保险销售人员还可以着重强调一下良好的售后服务，强调建立长期合作关系的重要性，使客户对公司及对保险销售人员产生信赖感。

（九）语言要生动形象

为了让客户更好地理解保险产品，了解保险产品所具有的不可替代作用，保险销售人员可以使用较为生动的语言，形象具体地将产品内容表达出来，以便于客户理解，并激发其购买欲。

例如，在介绍保险收入不用交纳个人所得税时，可以用如下语言："王先生，我想请问您最近到银行取息的时候，有没有发现银行给您的利息比您想象的要少呢？这是因为银行征收了您的个人存款所得税，税率是20%，也就是5元的利息就要征收1元的税款。但是，保险收入是不用交税的，到合同约定的时间，保险公司对您进行给付时，保单上规定是5万元，给付的也是5万元，不会像银行那样征税，到您手中就成4万元了。您想想看，是不是买保险更划算呢？"这种形式的介绍让客户清晰地理解保险产品的优势，使其更加易于接受。

特别提示

保险销售人员对保险产品的说明是客户了解保险的重要途径，特别是对那些不太关心保险，对保险存在误解的客户而言，保险说明的作用就更为重要了。保险销售人员在对保险产品进行说明的过程中，是否表现出有条不紊、从容不迫，说明时是否能融洽气氛，是否激发了客户的购买欲望，都是其促成交易的重要因素。

第六节　沉默是金——耐心倾听值得重视

许多保险销售人员误认为做销售就是"耍嘴皮子"，于是练就了一身口若悬河、滔滔不绝的本事，从不给客户表达想法、意见的机会，孰料，这样的"本事"却并没有得到客户的认可，反而招致客户的反感。实际上，在与客户交谈时，耐心倾听往往比保险销售人员自顾自地滔滔不绝更重要。只有倾听才能了解客户的心理活动，发现其兴趣所在，与其建立起良好的关系，最终确认客户的真正需求，并以此为突破点，有针对性地调整自己的销售计划，争取销售成功。

保险销售人员在与客户交谈时，应耐心倾听客户说话，这期间应注意以下四个问题，如图3-11所示。

保险销售人员在倾听时需注意的问题：
- 对客户说话做出反应
- 适时适度地提问
- 不要抢话
- 做出倾听的表现

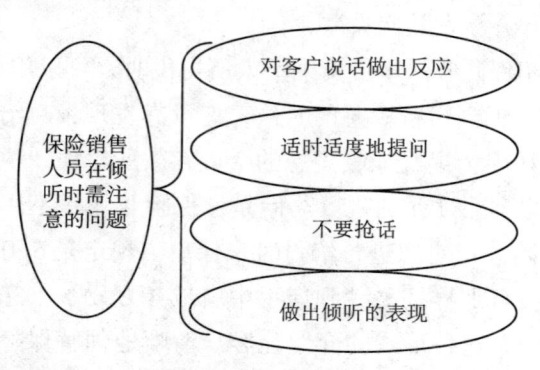

图3-11　保险销售人员在倾听时要注意的问题

一、对客户说话做出反应

对客户说话做出反应，是指保险销售人员在听客户说话时所做出的一系列适当的反应。做出适当的反应，是保险销售人员向客户表明自己一直在认真倾听他的说话，理解他所表达的意思。保险销售人员在倾听时做出的反应有两种方式，见表3-7。

表3-7　保险销售人员对倾听做出反应

反应	说明
理解	这种方式较为常见，也比较自然。在客户讲话时，保险销售人员可以用"是""对"表示肯定，在停顿处，也可以指出客户的某些观点与自己一致，或者运用自己的经历、经验表明对客户的理解，有时还可以适当复述，表示对客户意思的肯定
鼓励	面对客户，尤其是没有经验、不善谈话的客户，需要用微笑、目光、点头等赞赏的形式表示呼应，显示出对谈话的兴趣，促使他讲下去

二、适时适度地提问

提问是为了能弄清不了解的事情，提问可以让保险销售人员获得自己想要了解的信息，同时，也可从客户回答的方式、态度、表情等方面揣摩出客户的真实心理状态。

倾听中的提问要言简意赅，紧紧围绕谈话的主题进行。提问时，要以理解、尊重的态度，准确地提出一些不致遭到对方反感的问题。提问应选择合适的时机，提问时的语速也不宜过快，如果想要了解的问题涉及面广，最好采用开放式问题；如果只是想知道对方对某件事所持的态度，可以采用闭合式问题。这两种提问方式的概念、特点见表3-8。

表3-8　两种提问方式的概念、特点

方式	概念	特点
开放式提问方式	问题提得比较概括、抽象，范围限制不很严格，给客户以充分的自由发挥的余地	（1）给客户更多说出不同答案的自由，但是，这也造成双方连结比较松散。 （2）气氛较为轻松、自如，但是，这也造成答案五花八门，也许不是保险销售人员想要的答案。 （3）保险销售人员可以不假思索地提出这种方式的问题，较为省力，但是，客户要认真负责地回答，就需要动一番脑筋才能做到

续表

方式	概念	特点
闭合式提问方式	问题提得比较具体、单纯，范围限制得很严格，给客户自由发挥的余地很小，客户一般必须做出较为直接的回答	（1）留给客户的自由余地较小，但是，双方连结得比较紧密、具体。 （2）问题具体，范围严格，可能因保险销售人员的选择不当而丢掉更好的提问点，但若选择得当，极利于深入情况和获得对每个问题的明确回答。 （3）保险销售人员要提出闭合式问题，需要花费大量精力思考，并精心选择才能做到，但是，客户在回答这些问题时较为方便

三、不要抢话

随意抢话容易扰乱客户的思路，也易招致客户的反感。抢话不同于问话。问话是由于某个信息或意思未能记住或理解而要求客户给予解释或重复，因此问话是必要的。抢话是急于纠正客户的错误，用自己的观点取代客户的观点，是一种不尊重人的行为，往往会阻碍双方的思路或情感的沟通，不利于创造良好的交谈氛围。

四、做出倾听的表现

1. 保持良好的精神状态

在许多情况下，保险销售人员不能认真倾听客户说话，是因为其肌体和精神的准备不够充分，而倾听是需要调动肌体、感情、智力的综合性活动。保险销售人员在情绪低落或心情烦躁不安时，倾听效果肯定很差。要想倾听效果好，保险销售人员就必须集中精力，保持良好的精神状态，随时提醒自己交谈到底要解决什么问题，并保持与客户的眼神接触。另外，保险销售人员还必须努力维持大脑的警觉，这样有助于使大脑处于兴奋状态。倾听不仅需要用耳朵，而且需要调动整个身体去"听"客户说话。

2. 与客户保持目光接触

目光接触是一种非语言信息，表示"我在全神贯注听"。一位细心、敏感的保险销售人员，应多注视客户的眼睛，而不是东张西望，一会儿望向窗外、一会儿看看天花板。保险销售人员如果觉得直视客户的眼睛很困难，可以用弥漫性的目光注视客户眼睛周围部分，如客户的发际、嘴、前额、颈部。

特别提示

（1）保险销售人员应避免倾听的两个障碍：在开始听之前，心里对客户的意见已经有了成见；未听完整客户的说话，就已妄下结论了。

（2）耐心倾听的两大目的：为了解问题所在而倾听；为可明确解决问题而倾听。

第七节　水乳交融——让你的客户喜欢你

保险销售人员要想成功地让客户购买产品，首先要得到客户的信赖、喜欢。为此，保险销售人员需要和客户进行良好的沟通，想办法将与客户的交往变得亲切、自然，努力和客户成为朋友。要做到这一点，保险销售人员在与客户沟通的过程中，就必须掌握一些原则和技巧。

一、与客户感情沟通的三大原则

保险销售人员在与客户进行感情沟通的过程中，需要掌握三大原则，见表3-12。

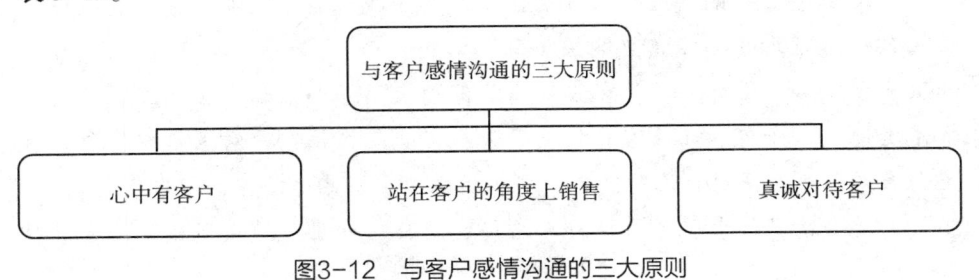

```
              与客户感情沟通的三大原则
        ┌──────────┼──────────┐
    心中有客户   站在客户的角度上销售   真诚对待客户
```

图3-12　与客户感情沟通的三大原则

（一）心中有客户

心中有客户，要求保险销售人员在与客户沟通前，应做到细致充分的准备,研究客户,了解客户,即建立详细的客户档案,档案内容包括客户的兴趣、爱好、职称等重要信息。摸清客户的状况,保险销售人员才能在与客户的交谈中,找到关键点,掌握好谈话的分寸,让客户感觉到在你心中,他非常重要。

(二)站在客户的角度上销售

销售成绩差的保险销售人员,在很多事情上都是首先考虑自己的利益,自己的利益高于一切。这种保险销售人员在与客户交谈时,总是冷若冰霜,在自己的观点与客户观点不一致时,总是据理力争,这样的保险销售人员是无法赢得客户的心的。销售业绩优秀的保险销售人员,说话做事总是站在客户的角度为客户考虑,想客户所想,急客户所急,这种保险销售人员深受客户的喜爱。

(三)真诚对待客户

真诚对待客户,一方面,要求保险销售人员在与客户的交往时,不能死板地公事公办,而应充满人情味,以情动人,与客户成为朋友,而不仅仅是交易双方的工作关系。人都是有感情的,在过年过节时,保险销售人员送给客户的一纸贺卡、一句短信祝福,就能让客户感觉温暖满怀。另一方面,保险销售人员不能因为销售提成,不考虑客户的实际购买能力,而盲目向客户销售一些价高的保险产品,导致客户陷入经济困境。

××保险公司的保险销售人员王某,为了提升自己的业绩,劝说一位年收入只有两万元的年轻客户购买了每年需交8000元保费,需连续交纳20年的投资型保险。第二年,该客户就因为保费太高,无法如期交纳保费,而选择了退保。退保自然让该客户损失了金钱,从此这位客户对保险就持全盘否定的态度,逢人便说自己的经历,还说该保险公司的保险完全是骗钱的勾当,王某更是个十足的大骗子,这件事给该保险公司和王某造成了极其恶劣的社会影响。

保险销售人员应切记,不要为眼前的利益,昧着良心为客户推荐他无法承受的高端保险产品,这样做只会损害公司和自己的声誉。

二、与客户感情沟通的技巧

保险销售人员在与客户感情沟通时，应注意运用恰当的技巧，见表3-9。

表3-9　与客户感情沟通的技巧

技巧	说明
对等原则	保险销售人员最好只与客户本人交谈，不建议在有一帮参言者时与其交谈，人多嘴杂，容易使客户动摇
采取主动	主动地以提问方式，让客户表露出其真实需求
多用肯定的语气与客户交谈	在交谈过程中，对于客户建设性的或自认为很高明的意见和见解，保险销售人员应尽量肯定、称赞对方，给对方面子，从而增加成功的机会
多站在客户立场说话	许多保险销售人员误认为交谈时，应对客户的错误意见赶尽杀绝，对自己的正确观点毫不让步。但事实证明，大部分成功的交谈，都是在彼此和谐的气氛下进行并达成的。这就要求保险销售人员多站在客户的立场去排除异议，如此才更有说服力
以退为进	若客户提出的某些要求超出了保险销售人员的权限或知识范围，此时，不应操之过急，不妨以退为进，请示领导，研究弄清事实情况后，再答复客户
以数据和事实说话，提高权威性	保险销售人员应充分运用准确的数据分析，如公司今年的销售额、占有的市场份额、客户的好评率等，加深客户"他说的是对的，因为他在这方面很内行"的感觉
控制交谈时间	交谈时间应适中，时间过短，产品还未介绍清楚；时间过长，容易使客户疲惫、厌倦，不愿意认真听下去

特别提示

保险销售人员在与客户沟通过程中有八戒：准备不周、缺乏警觉、自鸣得意、过分谦虚、不留情面、轻诺寡信、过分沉默、无精打采。

第八节　重视策略——采用恰当的促销策略

人员推销，是指保险销售人员直接面对面地接触客户，说服和帮助他们购买某种商品和劳务的过程。保险销售就是保险销售人员说服准客户购买保险的过程。人员推销是促销组合中的一种重要策略。在保险企业，人员推销对企业财产保险、人身保险的促销起着十分重要的作用。保险销售人员通过与客户直接接触起到连接公司和客户的纽带作用，保险销售人员既是公司的形象大使和代言者，又是向公司提供客户信息的反馈者。

一、人员推销的特点

尽管人员推销费用支出较大，但与非人员推销相比，还是具有无法比拟的优势。人员推销的四大特点见表3-10。

表3-10　人员推销的特点

特点	说明
直接性	保险销售人员可以直接向客户介绍有关保险企业和保险产品的详细信息，直接了解潜在客户的购买欲望与对保险抱持的态度，及时调整自己的销售策略
接触性	保险销售人员应真诚地与客户接触，从纯粹的买卖关系逐步发展为带有强烈感情色彩的友谊协作关系，便于建立长期联系
服务性	保险销售人员不仅要做好向客户推荐险种、代填表格等售前服务工作，还要做好答复质疑、代办、理赔等售后服务工作
反馈性	非人员推销信息反馈速度较慢，而人员推销获得的信息真实快捷，有利于保险销售人员及时准确地调整销售策略

二、保险销售人员的素质

对于一名优秀的保险销售人员而言，不仅需要具备现代的营销理念和良好的心理素质，还要具备广博的业务知识和较强的社会交际能力，如图 3-13 所示。

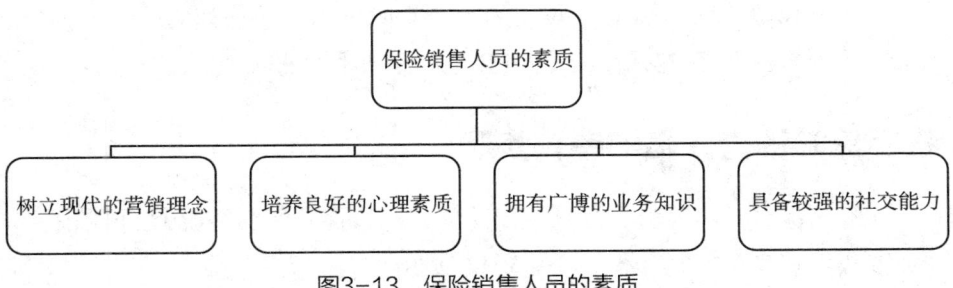

图3-13　保险销售人员的素质

（一）树立现代的营销理念

营销理念是相对于推销观念而言的，推销观念是以企业现有产品为中心，以促销刺激需求和扩大需求为目的。营销理念是以企业的目标客户及其需求为中心，以满足目标客户需求和扩大需求为目的。树立营销理念就是要善于发现和了解目标客户的保险需求，根据需求来销售不同的产品，将满足客户需求的程度作为衡量销售业绩的标准。

（二）培养良好的心理素质

优秀的保险销售人员必须有坚强的意志力，因为保险销售是一种思想性强、技术难度较大的工作，这就要求保险销售人员具有不怕拒绝、不怕失败、百折不烧的精神。

（三）拥有广博的业务知识

优秀的保险销售人员应该努力做到专业知识求其精，一般知识求其博。不仅要学习保险基础理论知识，如保险的产生与发展、保险的性质和职能等，还要学习保险合同及保险实务知识，如保险保障范围、保险费率的厘定、保险责任和保险理赔等。此外，保险销售人员还需了解心理学、社会学、公共关系学、法律、经济学及琴棋书画等各方面的知识，以增加与客户沟通、交流的机会。

（四）具备较强的社交能力

优秀的保险销售人员应有较强的社会交际能力。应该谈吐文雅、谨慎、机敏，善于与各类客户交朋友，与其建立广泛而密切的联系。

三、保险销售人员的销售步骤

保险销售是一门科学，也是一门艺术，销售保险产品需要遵循一定的程序和方法。通常有六个步骤，如图3-14所示。

```
开拓客户
   ↓
接触前的准备工作
   ↓
与客户面对面接触
   ↓
对保险产品做出说明
   ↓
销售促成
   ↓
售后服务
   ↓
结束
```

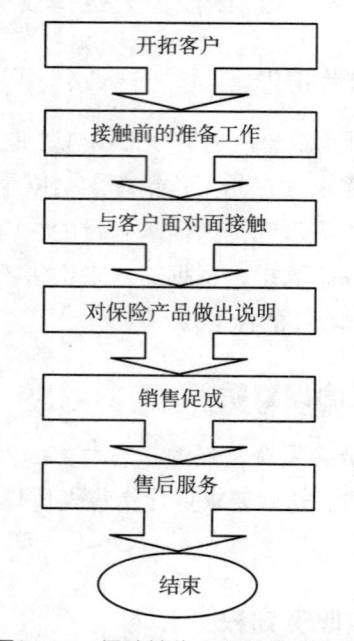

图3-14　保险销售人员的推销步骤

（一）开拓客户

销售保险产品的一项基础性工作是寻找和接近客户。客户，是指与保险销售人员建立联系并有可能参加保险的人。客户一般符合以下几个条件，如图3-15所示。

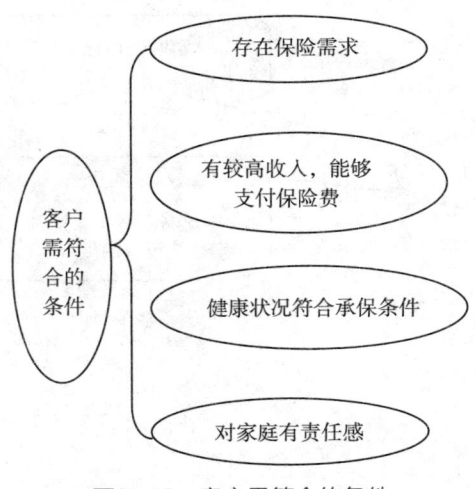

第三章 身临其境——与客户面对面交流

```
                ┌── 存在保险需求
                │
                │
   客户         ├── 有较高收入，能够
   需符            支付保险费
   合的         │
   条件         │
                ├── 健康状况符合承保条件
                │
                │
                └── 对家庭有责任感
```

图3-15 客户需符合的条件

（二）接触前的准备工作

优秀的保险销售人员在找到客户后，需做好接触前的准备工作，这样才能在与客户交谈时少犯错误。准备的内容包括四个方面，见表3-11。

表3-11 与客户交谈前的准备工作

准备内容	具体说明
展业工具的准备	保险销售员不仅要准备身份证、保险代理人资格证、名片等，还要带公司简介、宣传单、理赔案例、各种简报数据
保险产品组合	保险销售人员应该熟悉本公司的各种险种，针对客户的具体情况推荐不同的险种组合
顾客的有关信息	了解客户的健康状况、家庭状况、个人兴趣、经济能力等情况。分析客户资料后需得出结论：他以及他的家人怎么样，需求是什么，最感兴趣的话题是什么，共同的语言是什么
竞争者的有关信息	竞争者正在销售何种险种，竞争者的策略是什么，评估竞争者的优势与劣势，分析自己的机遇与挑战

（三）与客户面对面接触

保险销售人员经过充分的准备后，要与客户面对面接触，接触的步骤如图3-16所示。

保险销售一本就够

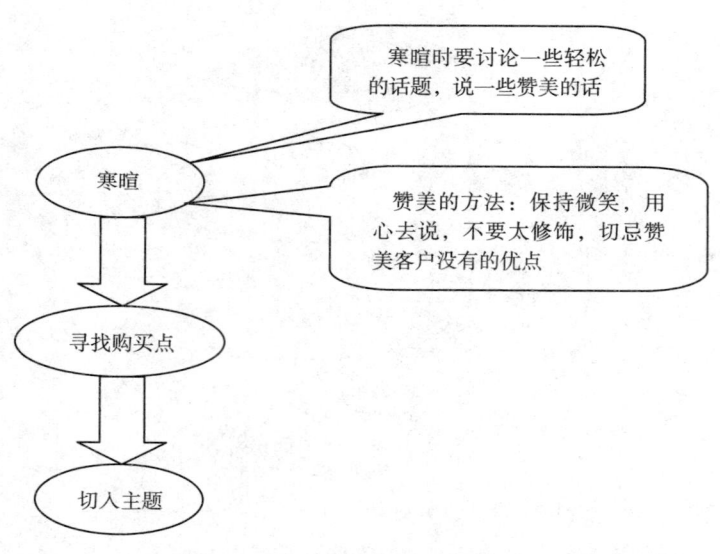

```
         寒暄时要讨论一些轻松
         的话题，说一些赞美的话
   ┌──────┐
   │ 寒暄 │
   └──────┘   赞美的方法：保持微笑，用
      │      心去说，不要太修饰，切忌赞
      ↓      美客户没有的优点
  ┌────────┐
  │寻找购买点│
  └────────┘
      │
      ↓
  ┌────────┐
  │ 切入主题│
  └────────┘
```

图3-16　与客户面对面接触的步骤

（四）对保险产品做出说明

说明的目的是让客户认同保险销售人员销售的保险产品，引起客户的购买需求。在这个过程中，保险销售人员可以采用诱导的话术。例如："赵先生，根据您刚才所说的情况，以我多年从事保险的经验，我觉得我们公司最近推出的××保险产品非常适合您。"

保险销售人员对保险产品做出说明的步骤，如图3-17所示。

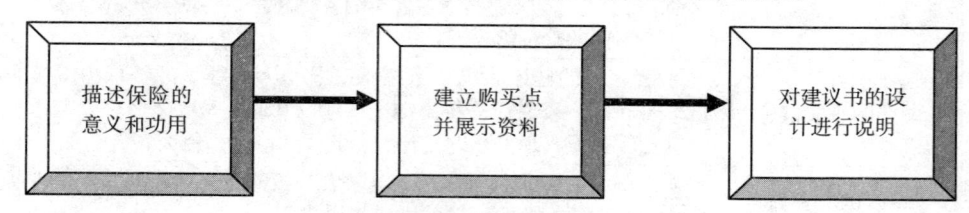

| 描述保险的意义和功用 | → | 建立购买点并展示资料 | → | 对建议书的设计进行说明 |

图3-17　对保险产品做出说明的步骤

说明的前面两个步骤，非常易于理解，下面仅对第三个步骤进行详述：

（1）建议书的设计及说明。建议书的内容包括：简单的问候、商品名称及特征、保障利益、缴费期、条款的其他主要内容。说明时既要注重完整性，又要简明扼要地表现商品的特色，还要适时询问客户的意见。

（2）保险销售人员在对保险产品进行说明时，要注意三个问题，见表3-12。

表3-12 谈话时应注意的问题

注意方面	具体解释
注意谈话的速度与语调	配合客户的说话特点,掌握谈话的速度,对于年轻且工作繁忙的客户应采用精炼简洁的语言,富有煽动力的激情语调;对于年龄相对较大的客户,要以谨慎的态度和缓慢的语速耐心讲解
使用以客户为中心的词汇	如"您拥有了这些保险……""您是否认为……"而不是以自我为中心的词汇"我认为……"通过中心词的改变会产生移情作用,站在客户的角度为客户着想会产生融洽的交谈氛围
善于倾听客户说话	即使客户观点有偏颇之处,也需耐心倾听,不要与之争论。一旦陷入争论的局势,就很难再赢得客户

(五)销售促成

销售促成是帮助客户下定决心的一个重要步骤。当客户思考,或翻阅保险计划,或询问缴费方式,或讨价还价时,就是表示客户有兴趣购买,这是保险销售人员促成交易的最好时机。

(六)售后服务

售后服务的中心原则就是把握一切机会与客户保持密切的联系,如电话联系、定期拜访等。服务的内容包括咨询服务、理赔服务、防灾防损服务等,良好的售后服务可以提高保单的续签率,可以了解客户的各种意见,及时解决问题,可以帮助保险销售人员扩大客户网络,开发新客户。

特别提示

保险销售人员要做好人员推销这一促销策略,还有一项重要的工作就是有效搜集到竞争者信息,有六种方法可以帮助保险销售人员搜集到全面的竞争者信息:

(1)请教公司内资历较深、有经验的保险销售人员。

(2)对客户及行业内的专业人士进行访问。

(3)从竞争对手的保险销售人员、年度报告、内部刊物中获悉。

(4)收集行业内或行业外报纸、杂志等相关文章。
(5)在本行业的展示会上收集信息。
(6)对各品牌市场表现情况的细心观察。

第四章 进退自如
——面对拒绝我有办法

第一节　见微知著——察言观色，洞悉拒绝

拒绝，简单地说，就是客户对保险销售人员销售活动的否定。受到拒绝，在销售过程中是很普遍的事情。如何化解客户的拒绝，是关乎保险销售成败的关键。

一、从客户肢体反应来洞悉客户的拒绝

在保险推销过程中，买卖双方一拍即合的情况是绝对少见的；多数情况是客户先拒绝，保险员再解释说明，如此不断反复才会最终达成交易。

客户常见的表现拒绝的肢体反应，如图 4-1 所示。

```
                客户常见的表现拒
                绝的肢体反应
    ┌───────────────┼───────────────┐
对保险销售人员       不愿意接受名片
不理不睬

始终不愿意开口       靠背抱胸

眼光总是落在手表上    眼神空洞
```

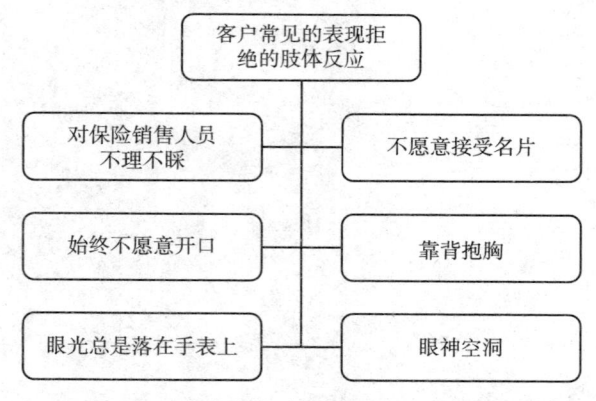

图4-1　客户常见的表现拒绝的肢体反应

（一）对保险销售人员不理不睬

不论多么迟钝的保险销售人员都会察觉到客户的这种拒绝姿态，客户做出这种姿态，表示他不愿意再听你讲下去。

这种姿态若发生在保险销售人员在客户家里进行拜访时，会表现出以下现象：太太故意责骂小孩，或不理保险销售人员在场，整理衣物；丈夫只盯

着电视看，无视保险销售人员的存在。这一切的动作都在暗示着客户对保险销售人员的拒绝。

许多保险销售人员在遭遇这种尴尬的场面时，会灰溜溜地留下宣传册，夹着尾巴逃跑了。然而，这种做法是错误的，只能使客户更瞧不起保险销售人员。正确的做法应是，耐心等客户忙完手中的活计，以缓和现场的紧张气氛。客户在看到你既不告知，又不说话的情况，一定会很惊讶，也反思自己的态度，说不定，他会为自己的恶劣态度感到惭愧，而坐下来和你认真交谈了。

（二）不愿意接受名片

一部分客户在听说销售人员来向他销售保险时，可能会拒绝接收保险销售人员诚心递过去的名片。

经验不足的保险销售人员遇到这样的情形往往会慌张失措，甚至面红耳赤。这都不是一个保险销售人员应该表现出来的现象，正确的做法是，当客户拒绝接受名片时，保险销售人员不妨将名片恭敬地放在茶几上。这样做，可以使保险销售人员尚有回旋的余地，不至于被客户扫地出门。

（三）始终不愿意开口

无论保险销售人员怎样对客户宣传保险的好处，客户始终一言不发，无动于衷，这就说明客户对保险根本毫无兴趣，这时，保险销售人员可以礼貌地与其告别，不失风度地离开。

（四）靠背抱胸

保险销售人员在向客户介绍保险产品时，客户一直将身体靠向椅背，双手抱胸，这就是客户拒绝的信号，这时，保险销售人员应将介绍暂停，说一些客户感兴趣的话题，等对方关系融洽后，再接着介绍保险产品。

（五）眼光总是落在手表上

这是保险推销员最不愿意见到的一个动作。但是遇到这样的情形时，保险销售人员千万不可惊慌失措，应以提问的方式，询问客户有何重要事情需要处理。若客户回答说有急事需要处理，保险销售人员就应停止介绍产品，向客户预约下次见面详谈的时间，若客户漫不经心地回答说没有，就应抓紧时间，简短而有效地介绍完产品。

（六）眼神空洞

"眼睛是灵魂之窗"，当客户对保险销售人员的介绍有兴趣时，眼中定会流露出闪烁的光芒，并会认真注视着保险销售人员的眼神；而当客户对保险销售人员的介绍毫无兴趣时，他的眼神一定显得空洞。

眼神可以传情达意，起到语言所起不到的作用。保险销售人员应认真观察客户的眼神，从中"读出"客户对产品的态度，见表 4--1。

表4-1 客户的不同眼神

眼神	态度
双眼闪闪发光	谈话很投机
眼神呆滞黯然	索然无味
眼神飘忽不定	三心二意
眼神心不在焉	对谈话内容不感兴趣
眼神凝住不动	正在沉思
眼神坚定不移	已做出某种决定

二、从客户的行为反应洞悉拒绝

客户除了在肢体上表现出拒绝外，还会在行为上表现出来，这就要求保险销售人员必须从客户的行为，判断出客户的拒绝反应。常见的行为拒绝反应，如图 4-2 所示。

```
                    行为拒绝反应
                  ┌──────┼──────┐
                失约              面谈时间短
              久等无人接待        有客拜访，让你腾位
```

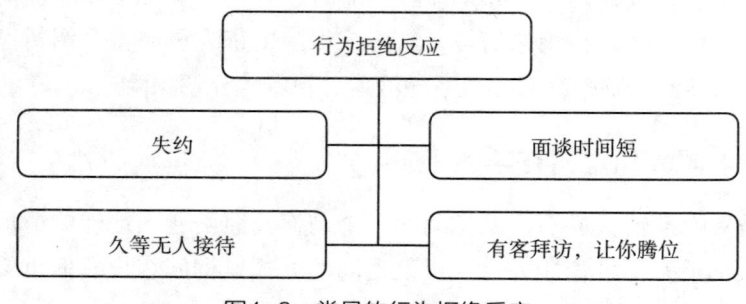

图4-2 常见的行为拒绝反应

（一）失约

保险销售人员虽然已与客户约好某月、某日、某时在家里或办公室见面，但是当保险销售人员赶到预约地点时，客户却不在。出现这种情形往往不是因为客户忘记了预约时间，或客户有急事而失约，大多数原因都是客户想逃避保险销售人员的销售，是一种失约行为。遇到这种情况，保险销售人员不应气馁，应留张手写纸条给客户，上面写明："在约定的时间前来拜访您，您却不在，非常可惜，希望我们下次还有机会再见。明天9点以前我会打电话和您联络。"

（二）面谈时间短

常常会遇到这类客户：与保险销售人员见面后，仅寒暄几句，就称自己有事，匆匆告辞了。事实上这是客户的一种拒绝方式。

（三）久等无人接待

客户称工作繁忙，把你晾在一边不接待，这是明显的拒绝信号，表明客户对你对保险都不关心。

（四）有客拜访，让你腾位

保险销售人员与客户交谈时，突然有客人拜访客户，客户让你将位子让给客人，你只好坐在一旁等着，客户对你视若无物，与客人聊个不停，这种情况下，保险销售人员应衡量一下状况，找一个合适的机会，把需说的话说完整，如果客户拒绝，可以与客户约定以后面谈的时间，然后离开。

特别提示

在销售的过程中，拒绝是经常发生的。对于拒绝保险销售人员应调整好自己的心态，不因客户一次的拒绝而退缩，而应一次次自信、真诚地向客户讲解，找到客户拒绝的原因，打开心结，最终达成交易。

第二节　洞见症结——查找原因，改变局面

客户会以各种各样的理由为借口对保险销售人员加以拒绝，这是因为客户不想把自己真实的想法告诉保险销售人员。在这种情况下，就需要保险销售人员认真分析客户的拒绝理由，洞见症结，如此才能想出应对之策，从根本上扭转客户的态度。

一、客户的拒绝心理

客户的拒绝心理一般有三种类型，如图4-3所示。

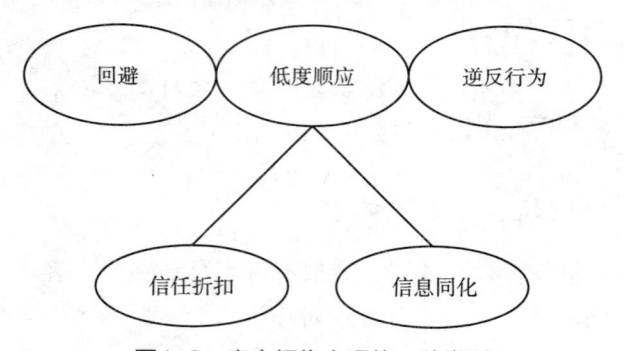

图4-3　客户拒绝心理的三种类型

（一）回避

客户如果对保险不感兴趣或对保险销售人员存有反感、怀疑心理时，就会采取回避的方式进行消极的心理抵抗。例如，对保险销售人员置之不理，你说你的，我做我的。

（二）低度顺应

在许多情况下，部分客户对保险销售人员精心组织并针对性较强的保险宣传，虽做出了一定的顺应态度，但这种低度顺应态度说明，客户一时还难

以完全接受保险或保险销售人员，客户有轻微心理抵抗反应。低度顺应主要表现在两个方面：

1. 信任折扣

所谓信任折扣，主要是指客户对保险销售人员的销售动机存有质疑。这时的客户虽然觉得保险销售人员言之有理，自己也应该购买保险，但却不相信保险销售人员的专业度，认为保险销售人员向自己推销保险产品，只是为了从中获得提成。

2. 信息同化

当宣传观点与客户原有态度比较接近时，客户会把它看得比实际的差距更为接近，从而减轻因态度差距所带来的心理压力。由于同化倾向的存在，许多客户在无意中使自己的顺应态度打了一定的折扣，即他自以为自己的行为与保险销售人员的目标一致了，但实际上，还远未达到宣传要求的程度，只表现出低度顺应。例如，有的客户本来可以为子女购买十份意外保险的，而最终该客户只购买了一份。

（三）逆反行为

客户的逆反行为，是指客户面对保险宣传的观点时，不但不接受，反而对其全盘否定。在这种情况下，保险销售人员所发射的"宣传子弹"虽然命中了目标，但却产生了相反的效果，甚至把"宣传子弹"反弹到保险销售人员身上。客户的这种逆反行为倾向，常常在如下条件下发生：

当客户确信自己不买保险是有一定理由，而保险销售人员对此不是因势利导，而是极力批驳、抨击时，如"买保险是明智，不买就是缺乏远见"等；保险销售人员一味扮演着教育者、评判者的角色，引起客户反感，而产生逆反心理。

二、客户的拒绝是真心还是借口

客户说："我不想购买！"真实情况确实如此吗？这是借口，还是谎言？客户某些委婉的说法，保险销售人员不应视为客户的反对或疑虑。真正的原因是客户暂时还不愿与保险销售人员达成交易，他们的潜台词是："你还没说服我。"

保险销售人员一定要分辨出客户的拒绝是真心还是借口，唯有如此，才能有针对性地采取下一步行动。

通常，客户拒绝的借口（善意谎言）有如下几种：
（1）"我要再考虑一下。"
（2）"我的钱已经花光了，没钱买保险。"
（3）"我得和我的家人商量一下。"
（4）"我还从来没考虑过买保险的问题。"
（5）"过一个月再来找我吧，那时我应该有空。"
（6）"现在是经济危机时期，需要谨慎消费。"

三、预防客户拒绝心理的艺术

保险销售人员在宣传、推销保险过程中，需掌握一套行之有效的预防客户拒绝心理的艺术，如图4-4所示。

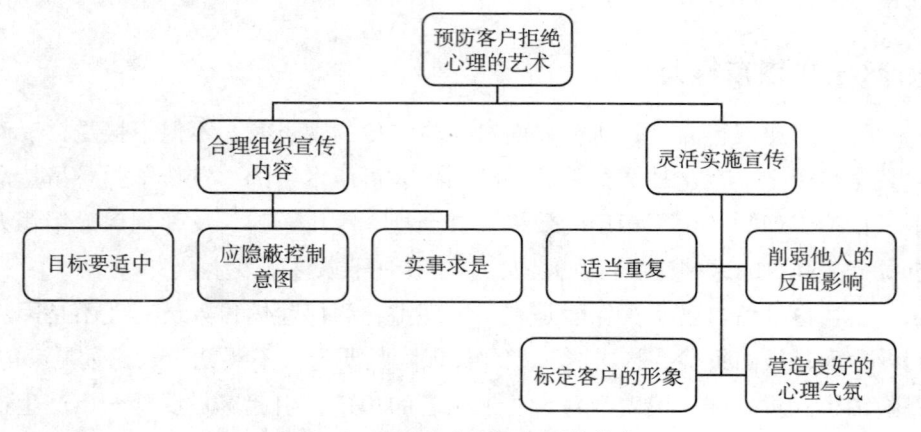

图4-4 预防客户拒绝心理的艺术

（一）合理组织宣传内容

客户对保险宣传有抗拒心理，在很大程度上是由于保险宣传内容的不适当引起的。因此，要使客户在接受宣传过程中，不产生对抗心理，就必须在组织宣传内容上下功夫。具体而言，需要注意以下几个问题：

1. 目标要适中

这里所说的"目标"，是指通过宣传使客户接受宣传观点所能达到的要求。这个要求的高低，需与客户原有的保险态度联系起来。美国实验心理学家卡尔·霍夫兰的实验表明，在宣传目标与受传者原有态度间存在着中等程度的态度差距时，受传者态度改变最为显著。也就是说，在客户原有的保险态度与当前保险宣传的要求之间存在差距较小的情况下，客户才会接受保险宣传的观点，与宣传的观点做出不同程度的态度顺应，并较少地产生抵抗心理；如果宣传的要求偏高，而与客户原有的保险态度差异偏大，客户就可能拒绝保险销售人员，并故意与宣传观点对立。

因此，保险销售人员应该首先对客户原来对保险所持有的态度倾向进行调查、分析，然后根据自己影响力的大小，确定适中的宣传或营销目标。当然，为了最终实现理想的销售目标，需要客户做出较大幅度的态度顺应，这可以采取"登台阶术"，把大目标分解为一个个较小的、逐步提高的目标，分层次并逐步地实施。

2. 应隐蔽控制意图

人们普遍有着对自由感的追求，如果客户觉察出保险销售人员试图对他们进行控制，施加压力，就会产生心理抵抗。所以，在进行保险宣传时，保险销售人员应尽可能不使控制意图显得那么强烈，要给予客户以自主判断和自主反应的机会，或通过新闻报道、娱乐、讲故事、暗示等进行间接宣传，使客户感到是他自己而不是在别人的控制下做出购买决定的。

3. 实事求是

客户之所以决定购买保险，是因为保险能给他带来好处。有时一张保单可以为客户解决多种问题；有时一张保单只能为客户解决一个问题；而有些问题需要用两张或多张保单结合的方式才能解决。保险销售人员在向客户讲述保险的重要性时，不要一味强调它的保障功能和客户可获得的利益，也应同时指出某种保险的局限性。这样实事求是的说明，反而容易让客户接受保单。因为，一个心理正常的人，是不会认为保险具有无所不能的功能的，他明白任何一种险种总有一个应用范围的问题或不足之处。

（二）灵活实施宣传

保险宣传的效果，往往还取决于宣传的形式或方法。同理，客户产生对抗心理常常也是由于错误的宣传形式造成的。据此，要让客户消除对抗心理，保险销售人员就必须注重选择宣传形式。能取得良好效果的宣传形式主要有

保险销售一本就够

以下四种：

1. 适当重复

根据专家们的研究，在一定限度内，一般人对于某一刺激物的良好反应，似乎是与该刺激物重复出现的次数成正比的。因此，在保险功能还不大为人们所熟悉时，保险业首先应该在广告上做点文章，引起人们对保险的注意，如通过电视、广播、报纸、宣传小册子、书籍或保险销售人员的反复讲解等活动，从多方位、多角度，强化客户的保险意识，介绍保险知识，提高公司的知名度，树立起保险销售人员的专业化形象。当然，保险销售人员在向客户重复时，不能仅仅是简单的重复，而是要掌握两个原则：一是要适度。如果客户已对信息给予了必要的关注和充分的理解，就不要再喋喋不休，否则会使客户感到保险销售人员不知分寸，产生反感和贬损。二是要变化方式。应该变换角度，采用不同的论据、材料，通过不同的渠道，增强新颖性和说服力。

2. 削弱他人的反面影响

在许多情况下，客户对购买保险的态度并不是孤立的，而是参照了周围其他人的态度。如果他们知道周围许多人对购买保险不以为然，或持否定态度，就会表现出从众行为，不接受此项宣传内容。但如果周围许多人购买了保险，他就会认真思索一番，觉得大家都这么做是有一定道理的，便决定购买。因此，为了尽可能促成客户的购买行为，保险销售人员应设法削弱来自其他人对客户不准备购买保险态度的支持，或者将他们适当分隔，以便削弱他们之间可能出现的相互支持，分别进攻，各个击破。在确有实据的情况下，可以明确告诉或暗示客户，在他的单位、他的邻居、他所熟悉的或对他有影响的人中，有许多人已购买了保险。在相信了这一点后，许多原不准备购买的客户就会放弃心理抵抗，填上一份或几份保单。

3. 标定客户的形象

标定是指对他人的形象、品行所做的公开评定。由于人们的态度有表现自我的功能，因此人们对宣传的态度反应往往与维护、改善自我形象的考虑有关。当做出态度顺应有助于维护、改善自我形象时，人们会乐于做出态度顺应，反之则会进行心理对抗。所以，在销售过程中，如果保险销售人员用恰当的、良好的评语去标定客户的形象、品行，就会引起他们积极的态度反应。例如，以"据说大家都很关心生活保障问题"开头，往往会引起客户的关注，减少回避行为。"我觉得你是个有远见的人""我觉得你很有责任心"这样的标定，能促使他为了家庭、自己、子女买上几份保险。不仅恰当的、良好的标定可以减少客户的心理对抗，有时恰当的、略有贬损的标定也可以促成客户的购买行为。

4. 营造良好的心理气氛

保险销售人员必须使保险宣传在一种融洽、平和的气氛，安静、合适的场合和良好的心境状态下进行，这样客户才会有耐心，理智地去注意和理解保险宣传，并将心理对抗降低到最低限度。比如，在客户高兴时，他会觉得什么事都令人愉快，什么事都变得顺眼了，保险销售人员趁此机会，大加称赞客户一番，并由此开始自己的保险宣传，客户就会比较容易接受建议；如果客户心情抑郁，愁眉不展，保险销售人员就应立即调整或改换论证方式，或插入热门话题，或干脆停止这次交谈，另找适当时机继续进行。保险销售人员所表现出来的这种对客户的理解和明智的态度，可以让客户对保险销售人员产生理解和尊重，从而降低或放弃已开始出现的心理抵抗。

特别提示

拒绝，简单地说，就是客户对保险销售人员推销的否定。受到拒绝，在销售过程中是最普遍的事情。在保险销售的过程中，开拓客户、约见、拜访、介绍和说明、促成等各个环节，都有可能受到客户的拒绝。可以这么说，保险销售过程是与客户的拒绝相伴的。如何化解客户的拒绝，是关乎保险销售成败的一个重要关口。

第三节 见机而作——随机应变，应对异议

新加入销售行列的保险销售人员，对客户异议都抱有负面的看法，对太多的异议感到挫折和恐惧。但是一位有经验的保险销售人员却能从另外一个角度来体会客户的异议：

（1）从客户提出的异议中，可以判断客户是否有需求。

（2）从客户提出的异议中，可以了解客户对建议接受的程度，并能迅速调整销售策略。

（3）从客户提出的异议中，可以获得较多的信息。

处理客户异议是销售人员的职责。从某种程度上讲，销售的过程就是处理客户异议的过程。这个过程有助于保险销售人员迅速调整战术。

一、常见的三种异议类型

保险销售人员应认真辨别客户经常提出的异议类型，对这些类型做出有针对性的行动，如图4-5所示。

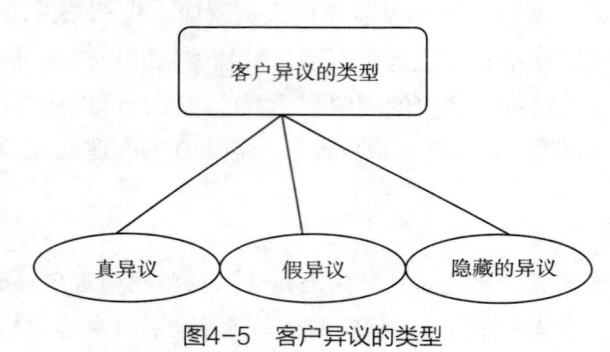

图4-5　客户异议的类型

（一）真异议

客户认为目前没有需要，或对保险销售人员销售的保险产品不满意。例如，客户从熟人嘴里听说保险销售人员所在公司的保险产品不可靠。对于此类真异议，销售人员必须视情形考虑处理方法，处理方法有立刻处理和延后处理两种。

（二）假异议

假异议通常可以分为两种，一种是指客户找借口，或用敷衍的方式应付保险销售人员，目的是不想将自己的需求告诉保险销售人员，或不想真心介入保险销售活动中；另外一种是客户提出许多异议，但这些异议并不是他们真正在意的问题。

（三）隐藏的异议

隐藏的异议指客户并不把其真实异议说出来，客户是要借此假象达成隐藏异议的目的。

二、对待客户异议的态度

客户异议具有两重性，既是推销的障碍，也是成交的信号。在销售活动中，客户异议的产生也是必然的，保险销售人员应采取正确的态度对待异议。正确对待客户异议的态度有四种，如图4-6所示。

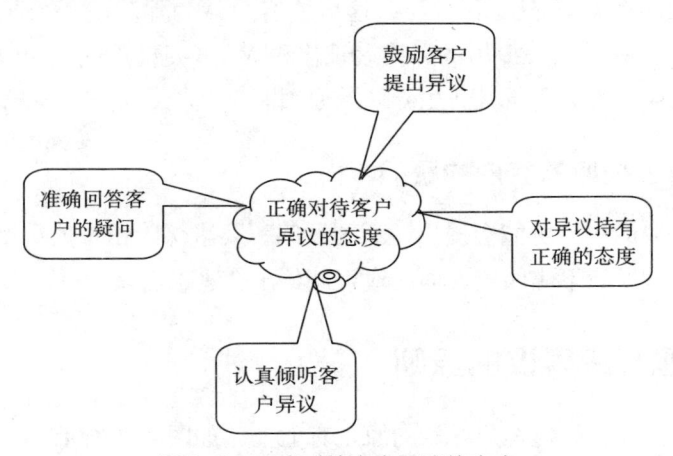

图4-6　正确对待客户异议的态度

（一）鼓励客户提出异议

有异议表明客户对保险感兴趣，有异议意味着有一线成交的希望。保险销售人员通过对客户异议的分析可以了解对方的心理，知道客户为何不买，从而按病施方，对症下药，而对客户异议的圆满答复，则有助于交易的成功。日本一位销售专家说得好："从事销售活动的人可以说是与拒绝打交道的人，战胜拒绝的人，才是销售成功的人。"

（二）对异议持有正确的态度

客户对保险销售人员提出异议，对销售介绍和洽谈的效果会起到一定程度的负面作用，直接阻碍销售洽谈的正常进行，干扰保险销售人员思路、影响成交的效果。但从另一个角度理解，客户的异议使整个销售过程进入了一个双向沟通的环节，表明客户对产品产生了兴趣，只是存在疑虑。这可以使保险销售人员明确客户对销售建议所能接受的程度。如果此时保险销售人员积极对待客户异议，迅速地修正销售技巧，并采用正确、恰当的方法因势利导，消除客户的这种忧虑，就能使沟通工作顺利地进行下去。

（三）认真倾听客户异议

倾听，不仅表明保险销售人员对客户的重视和尊重，而且可以促使客户发表意见。保险销售人员切忌在客户发表异议过程中，表现出三心二意，东张西望，或不耐烦的态度和行为，这会使客户认为保险销售人员缺乏诚意。保险销售人员应对客户提出的异议表现出极大的兴趣和热情，并从客户的表情、肢体动作等方面分析其产生异议的原因。

（四）准确回答客户的疑问

客户在谈话中，可能会提出一系列疑问，要求保险销售人员回答。对此，保险销售人员一般不应回避，而应对疑问给出合理的答案。

三、处理客户异议的原则

保险销售人员处理客户异议的原则有七个，如图4-7所示。

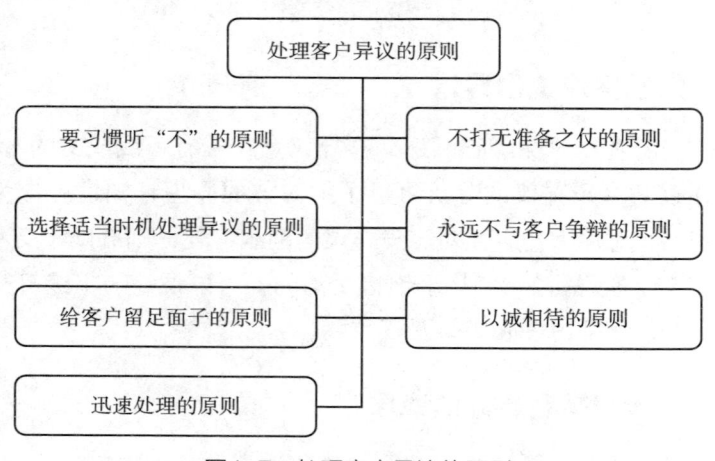

图4-7 处理客户异议的原则

（一）要习惯听"不"的原则

当客户对保险销售人员说出"不"时，许多保险销售人员都认为是对他个人及销售的整个否定，自然心中会产生不快。其实换个角度考虑，客户说"不"，并不是针对保险销售人员个人而言的，或许由于客户自身遇到不顺心的事，而将此种情绪发泄到保险销售人员身上。这时，如果保险销售人员能引导客户把心中的不快说出来，或许能与之成为朋友，最终达成一笔交易。

（二）不打无准备之仗的原则

"知己知彼，百战不殆。"要有效地处理客户异议，就必须事先预测客户可能提出哪些异议，并做好回答的准备。同时，在回答客户异议前，要彻底分析将要回答的异议的真实原因。事实上，绝大多数异议的背后都掩藏着一些实质性的问题，客户提出来的异议只是拒绝购买的借口。销售人员要善于观察，多提出问题，以便了解其异议背后隐藏的真实原因，然后对症下药，予以消除。

（三）选择适当时机处理异议的原则

销售人员对客户异议的处理时机有三种，如图4-8所示。

```
            处理客户异议
             的时机选择
          /       |       \
   在客户异议尚   异议提出后立   异议提出后搁
   未提出时解答   即回答        置一段时间再
                              回答
```

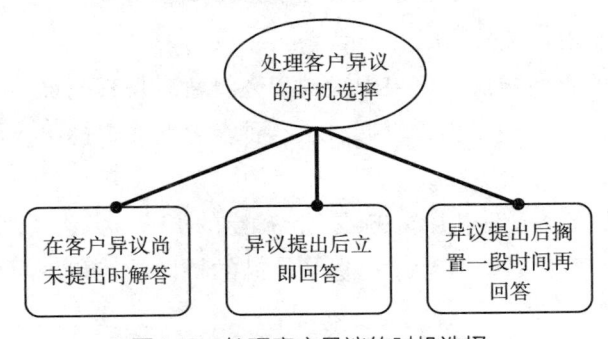

图4-8　处理客户异议的时机选择

1. 在客户异议尚未提出时解答

防患于未然，是消除客户异议的最好方法。保险销售人员觉察到客户即将提出某种异议时，最好抢在客户提出之前主动提出并给予解决。这样可以使保险销售人员争取主动，先发制人，从而避免因纠正客户，或反驳客户意见而引起客户的不满。

保险销售一本就够

保险销售人员完全有可能预先揣摩到客户异议并抢先处理,因为客户异议的发生有一定的规律性。如保险销售人员谈论产品的优点时,客户很可能会从最差的方面去琢磨。有时客户虽然没有提出异议,但他们的表情、动作以及话语和声调却很可能会流露出对产品的不信任,销售人员应觉察出客户的这些细微变化,消除客户心中的异议。

2. 异议提出后立即回答

在大多数情况下,面对客户提出的异议,保险销售人员应立即给予回答。这样,既可以增强客户购买的信心,又是对客户的尊重。

需要保险销售人员立即对异议做出处理的情况有三种,如图4-9所示。

◆客户提出的异议属于他最关心的重要事情时
◆必须处理异议后才能继续进行下面的销售说明时
◆当处理异议后,就能达成交易时

需要立即处理的异议

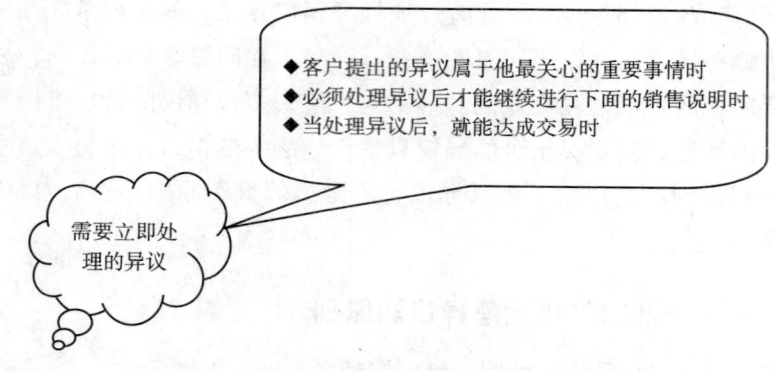

图4-9 需要立即处理的异议

3. 异议提出后搁置一段时间再回答

客户提出的有些异议,需要保险销售人员暂时将其搁置,等找到合适的答案后,在一定的环境中再予以回答。这种需要在客户提出异议后暂时将问题搁置的情况有以下几种:

(1)保险销售人员对权限外的或不能确定的事情,无法立刻回答时。

(2)当客户在还没有完全了解保险产品的特性及其利益前,提出价格问题时。

(3)当客户提出的一些异议,在后面的产品说明中能够更清楚解决时。

(4)异议显得模棱两可、含糊其辞、让人费解时。

(5)异议显然站不住脚、不攻自破时。

(6)异议不是用三言两语可以解决时。

(7)异议超过了保险销售人员的能力水平时。

(8)异议涉及较深的专业知识,解释也不易被客户理解时。

（四）永远不与客户争辩的原则

不管客户如何批评产品、公司，保险销售人员都不能与其争辩。因为争辩不是说服客户的好方法。用一句销售行话讲："占争论的便宜越多，吃销售的亏越大。"

（五）给客户留足面子的原则

保险销售人员要尊重客户的意见，客户的意见无论是对是错、是深刻还是幼稚，都不能表现出轻视的态度，如不耐烦、轻蔑、走神、东张西望、绷着脸、耷拉着头等。

（六）以诚相待的原则

归根结底，处理客户异议的目的是为了获得客户的理解和再度信任，这就要求保险销售人员在处理客户异议时必须坚持以诚相待的原则。但是需要注意诚实地解决问题并非对客户唯命是从，而是要先问自己错在什么地方，如果真正有错误就应该认真处理。

（七）迅速处理的原则

处理客户异议以迅速为本，因为时间拖得越久，越容易激发客户的愤怒情绪，同时也会使客户的错误想法随时间的推移变得顽固。

> **特别提示**
>
> 在推销过程中客户异议是客观存在的、不可避免的，它是成交的障碍，也是客户对保险产品产生兴趣的信号。若处理得当，反而能使销售工作进一步深入下去。因此，保险销售人员在处理客户异议时应注意以下两点：积极对待，合理解答；选择恰当的时机。

第四节 有备无患——准备周到，全力应对

优秀的保险销售人员会在异议还未出现时，做好充分的准备工作，这些准备工作可以使其在遇到异议时能保持自信，在谈笑间轻松化解难题，一步步走向成功。处理客户异议前的准备工作主要包括三方面内容，如图4-10所示。

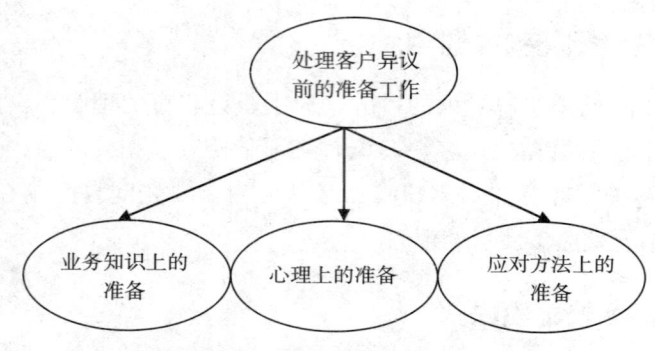

图4-10 处理客户异议前的准备工作

一、业务知识上的准备

现代市场经济的竞争非常激烈，从事任何一种工作都必须精通自己的业务。业务知识丰富、业务能力强的人，无论到哪里都不会落于人后。销售工作和其他工作一样，想要精通业务，就必须努力学习。对于保险销售人员来说，业务知识所涵盖的范围比较广泛，其知识面越广，在销售过程中也就越有主动权。

二、心理上的准备

保险销售人员从心理上一定要正确对待客户异议。客户异议是销售的障碍，但它也是考察目标客户心理反应的指示器。保险销售人员应欢迎客户提

出异议，以冷静豁达的态度对待它。事实上，客户毫无异议地接受产品的情况微乎其微。优秀的保险销售人员大都欢迎客户提出异议，他们认为异议有助于销售，而最难成交的正是那些对产品毫无兴趣、毫无异议的"哑巴"。

保险销售人员必须具备良好的心理素质，心理脆弱或精神颓废的人要想干好保险销售工作，就要付出比常人更多的努力，要坚定信念，不惧困难，勇往直前。

三、应对方法上的准备

优秀的保险销售人员除了要具备丰富的专业知识、良好的心理素质外，还需要学习各种应对客户异议的方法，并把这些方法熟练地运用到销售过程中，只有这样才可能最终达成交易。异议应对方法上的准备有几点，如图4-11所示。

异议应对方法上的准备：
- ◆ 知道如何建立面对客户异议的正确态度
- ◆ 知道为什么客户会提出这些异议
- ◆ 知道各种不同的异议，因为保险销售人员需要用不同的方法处理它们
- ◆ 知道何时做出答复
- ◆ 知道如何答复，也就是明白该说些什么

图4-11 异议应对方法上的准备

处理客户异议是一门艺术，保险销售人员必须掌握这门艺术，并且要根据不同客户的表现采取不同的方法，采取的方法必须具有针对性，适宜于解除客户当时的疑虑。客户性格各异，提出异议的表现形式也各异，但主要可以归纳为五类，见表4-2。

表4-2 不同客户的不同异议

表现形式	特点	应对策略
东拉西扯	这类客户常漫无边际地和保险销售人员说一些与产品和保险销售无关的事情	直截了当，一针见血

续表

表现形式	特点	应对策略
虚伪掩饰	这类客户好像想购买保险产品，但又拒绝保险销售人员的推销活动，遮遮掩掩，似乎在和保险销售人员捉迷藏	打消顾虑，以心换心
冷若冰霜	这类客户从与保险销售人员沟通开始，就显得相当冷漠，对产品不闻不问	态度真诚，以情动人
金口难开	这类客户任由保险销售人员怎么说，就是不肯吐出一言半句	穷追不舍，追根问底
谎言连篇	这类客户不说出真正拒绝的理由，而是以某种借口掩饰	拿出调查表，让其填写

特别提示

客户异议是指保险销售人员在销售过程中遭到客户的不赞同、质疑或拒绝的言行，例如，保险销售人员要去拜访客户，客户却说没时间；保险销售人员努力询问客户真实需求，客户却不肯说出来；保险销售人员向客户解说产品，客户却带着不以为然的表情……这些都属于异议的范畴。

第五节　胸有成竹——异议解决四步走

客户的问题和异议就是成交的机会，只要销售人员能把握机会，耐心聆听并解答客户的异议，为客户提供满意的答案，客户异议就会变成成交的机会。有效解决客户异议，可以分四步走，如图4-12所示。

倾听客户的异议
↓
对客户的异议表示理解
↓
复述及澄清客户提出的异议
↓
回应客户的异议

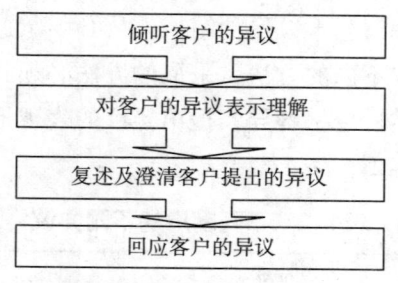

图4-12　有效解决客户异议的步骤

一、倾听客户的异议

保险销售人员应耐心听客户异议，使客户感受到自己受尊重。通过倾听，保险销售人员可以弄清楚客户的反对意见是否真实，抑或只是一种托词。如果是真实的，就应该马上着手处理；如果仅是一种拒绝的托词，就应深掘客户的潜台词了。

二、对客户的异议表示理解

如果客户提出的异议是合情合理的，保险销售人员应向客户表示，理解他们考虑问题的立场。在表示理解的同时，还可以用以下的话语来回应客户："我明白您为什么有这样的感受，其实很多客户最初也有和您一样的感受，但是当了解了这种保险产品，他们就会发现这种保险产品如何使他们受益了。"这种表述的目的在于，承认客户对某个问题的忧虑，但却没有表示赞同或表现出防卫意识。

在答复客户的异议时不要使用生硬的有否定意味的转折词。用了这样的词就意味着否定了它们前面的那句话，因而也就在保险销售人员和客户间竖起了一道坚实的屏障，如果一定用连词的话，最好用"那么"代替。

三、复述及澄清客户提出的异议

可以先复述客户的异议，例如："您的意思是说这种保险的保费太高，这就是您不愿意购买的原因吗？"如果客户回答"是"，则提出与之相应的购买利益；如果感觉到客户还有其他顾虑，则继续通过开放式的发问方式进行了解。复述异议表明保险销售人员一直在认真倾听客户说话，还能给自己多留些思考的时间。具体好处如图 4-13 所示。

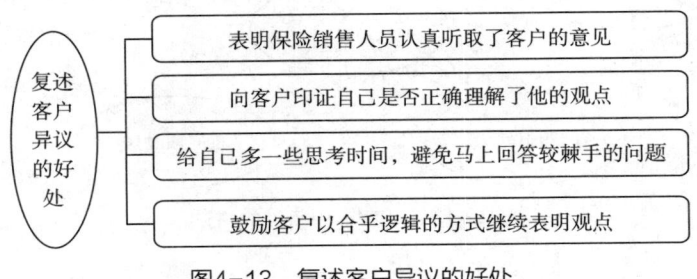

复述客户异议的好处：
- 表明保险销售人员认真听取了客户的意见
- 向客户印证自己是否正确理解了他的观点
- 给自己多一些思考时间，避免马上回答较棘手的问题
- 鼓励客户以合乎逻辑的方式继续表明观点

图 4-13　复述客户异议的好处

四、回应客户的异议

从销售心理学上讲，客户希望保险销售人员认真听取自己的异议，尊重自己的意见，并且希望保险销售人员及时做出令他满意的答复。因而，回应客户的异议就显得十分重要。保险销售人员可以通过具体的案例、数据资料解答客户的异议，为客户提供满意的答案。

特别提示

保险销售人员在面对客户提出异议时，应以沉着、冷静的态度，用事实、数据、资料回答客户，而不能直接反驳客户，引起客户反感。

第六节　有备而来——应对方法我先知

保险销售人员如果能把握客户心理，领会到客户提出异议的目的，对异议采取适当的处理方法，会取得意想不到的效果。常见的处理客户异议的方法有五种，如图4-14所示。

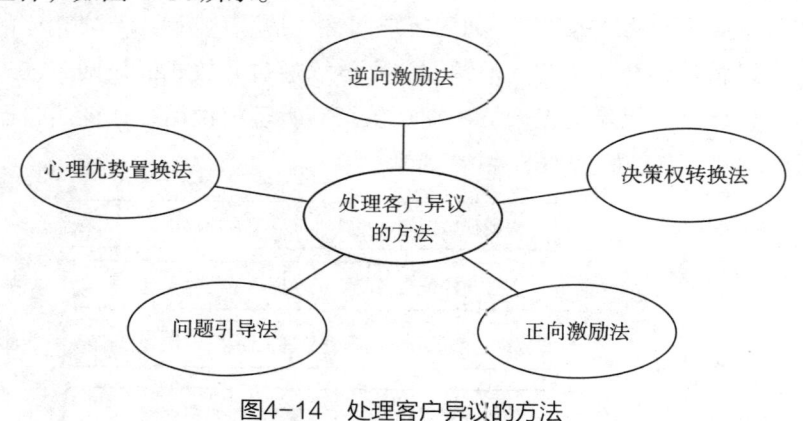

图4-14　处理客户异议的方法

一、逆向激励法

逆向激励法，是指保险销售人员根据较有利的理由直接否定客户异议的一种方法，从而客观上起到逆向激励的作用。逆向激励法只适用于排除因为客户的无知、误解等引起的有效异议，不适用于处理无关与无效异议、因情感或个性问题引起的异议和有自我表现欲望与较为敏感的客户所提出来的异议。例如，针对客户说保险是骗人的，理赔时间太长，保险销售人员可直接指正："保险是受法律保护的，不存在骗人一说；理赔时间长，是由于客户提供的文件不齐全。"

保险销售人员在运用逆向激励法排除客户异议时需注意三个问题，如图4-15所示。

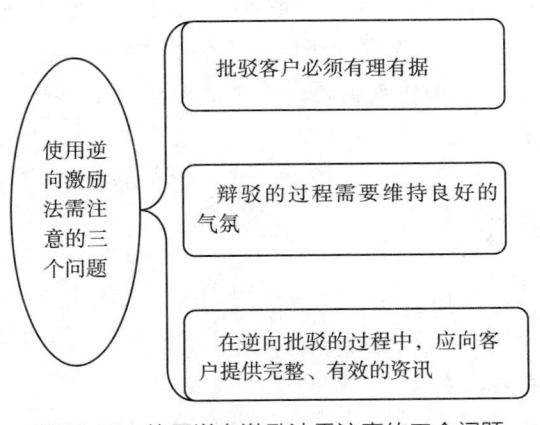

图4-15 使用逆向激励法需注意的三个问题

（一）批驳客户必须有理有据

保险销售人员用以反驳客户异议的根据必须是合理的、科学的，而且是有据可查、有证可见的。可以通过摆事实讲道理的方法去澄清客户的异议。

（二）辩驳的过程需要维持良好的气氛

保险销售人员在反驳客户异议的过程中，应始终保持友好的态度，维持良好的销售气氛。保险销售人员应明确，即使客户是因为无知而提出购买异议，反驳的也应只是客户的看法，绝非贬低客户的人格。所以，在反驳客户异议的过程中，保险销售人员既要关心行销的结果，更要关心客户的情绪与心理承受能力。切勿用过激的语言，引起客户的不满。

（三）在逆向批驳的过程中，应向客户提供完整、有效的资讯

从现代推销学的原理去认识，应该把逆向激励法理解为是以新的信息去反驳客户的过时信息，以真实的信息去反驳客户的虚假信息，以科学的知识去反驳客户的无知。

客户："对不起，我不想买你们公司的这种保险。"

保险销售人员："不好意思，我可以问一下，你对我们公司有什么意见么？"

客户："去年，我表姐在你们公司购买了某种保险，在年底出了事，从申报理赔到领到理赔金竟然用了两个月时间。"

保险销售人员："可能你有所误解，我们公司的理赔一直挺快，我想出现你表姐那种情况，可能是她提供的材料不完整，或者事件较复杂，需要时间进行责任划分，耽误了时间造成的。"

二、决策权转换法

决策权转换法是指保险销售人员通过对客户的异议提出疑问等方式，将决策权引导到自己的一方。在操作中，保险销售人员应就异议反复询问客户，从对客户的询问中来解决客户的疑问。

保险销售人员在运用询问法时应注意以下问题（图4-16）：

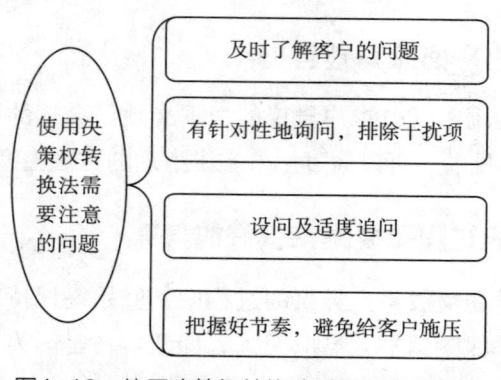

使用决策权转换法需要注意的问题：
- 及时了解客户的问题
- 有针对性地询问，排除干扰项
- 设问及适度追问
- 把握好节奏，避免给客户施压

图4-16 使用决策权转换法需要注意的问题

1. 及时了解客户的问题

保险销售人员只有及时询问客户，了解客户的真实想法，才能引导客户说出产生购买障碍的真正原因。

2. 有针对性地询问，排除干扰项

对于那些和销售或成交无关的异议、次要的或者是无效的客户异议，保险销售人员是不应该进行询问的。只应对那些不处理就不能成交的客户异议进行询问及了解，以便提高销售效率。

3. 设问及适度追问

追问客户有关异议，只是为了弄清楚客户拒绝购买的原因，因此，追问应适可而止，并注意尊重客户，不要把客户逼到山穷水尽的地步。

4. 把握好节奏，避免给客户施压

保险销售人员应讲究销售礼仪，讲究追问的姿态、手势、语气，需灵活运用排除异议的技巧，避免使客户产生心理压力。如距离客户不要太近、不要居高临下、不要用严厉的语气追问客户等，使客户在感到受尊重和被请教的情况下说出异议所在。在客户回答追问后，保险销售人员应立即灵活地运用各种面谈技巧消除客户异议，促使客户购买。

客户："我不会买保险的，你不用浪费口舌。"

保险销售人员："为什么？"

客户："我不相信保险，买保险不值得。"

保险销售人员："为什么？"

客户："我的一些朋友买了保险，出事的时候却得不到理赔。"

保险销售人员："那他们和你说得不到理赔的原因了么？"

客户："那我就不是很清楚了，反正保险公司都是这样，投保时说什么情况都赔，到需要理赔时，又找出各种理由不赔了。"

保险销售人员："你应该向这些没有获得理赔的人，了解一下不理赔的原因，我想原因肯定不像你说的那样。"

……

三、正向激励法

无论客户提出的异议有无道理,保险销售人员都应当尽量避免正面迎击他,应先肯定客户的想法,使其相关需求得到满足。肯定客户的技巧与禁忌,见表4-3。

表4-3 肯定客户的技巧与禁忌

技巧	禁忌
"您说的话有一定道理,不过,还有另一层意思也许您没有注意到……"	"不对,我根本看不出你的话有什么道理"
"您讲得很正确,而且通常情况下都是这样的。但是,这种情况有点特殊……"	"这你可就说错了"
"您有这样的想法很正常,当初我也是这么想的,后来我又深入研究了一段时间,才发现……"	"根本不像你讲的那样"
"真对不起,您说的是事实,不过……"	"你可以那样认为,但事实毕竟是事实"
"您的意见也许是对的,不过,我这里有些实例,不如我们来共同探讨一下……"	"你大错特错了,保险怎么会是那样的呢"
"不错,我完全赞同您的看法。但是,下边这个……"	"对于你的错误看法,我完全不赞同"

在销售过程中,保险销售人员有时会碰到极其独断的客户,他们对问题的看法往往显得十分自信,而且坚决。这时,如果保险销售人员直接否定他,必然会引起争执,对销售不利。正确的方法是采取肯定法先肯定他的看法,然后再设法委婉地指出他认定的看法中的不足之处。

客户:"我对保险不感兴趣。"

保险销售人员:"我和您一样对保险不感兴趣,我也讨厌保险。"

客户:"不可能吧,你可是销售保险的啊?"

保险销售人员:"我是销售保险的没错,我感兴趣的是,客户有无足够的资金安度晚年?"

保险销售人员:"您对灭火器感兴趣么?当然没有兴趣。但您为什么购买它?还有您的汽车后备箱为什么总是放着后备胎?这些问题的道理和保险是一样的,人们不是因为对事物本身感兴趣才购买,而是因为需要,需要这些事物给您提供保障。"

四、问题引导法

所谓问题引导法，是指客户公开提出异议后，保险销售人员直接以向其提出问题的方式，引导客户在不知不觉中回答保险销售人员提出的异议，直至客户用自己的语言否定自己的异议，同意销售人员的观点。问题引导法也称询问法。我们在前面已经讨论过，客户提出异议的原因是多种多样的：有的是真实的，有的是虚假的；有的是直截了当的，有的是深藏于心的；有的是客户了然于胸的，有的是客户随意提出的。所以，保险销售人员想要妥善处理好客户的异议，首先必须明确客户产生异议的原因，再处理客户异议。在实际销售过程中，采用问题引导法处理客户异议是较常用，且有效的方法之一。

客户："我们定期给儿子存钱，不用买保险。"

保险销售人员："您真是一位有责任心的父亲。请问，您打算给儿子存多少钱？"

客户："大约30万元。"

保险销售人员："那您怎么存呢？"

客户："当然定期存银行了。"

保险销售人员："冒昧问您，您一年为儿子存多少钱？"

客户："大约一万元左右。"

保险销售人员："那就是说，要存30万，您需要存30年左右，是吗？"

客户："差不多吧。"

保险销售人员："请原谅我说些不中听的话，比方说，万一哪年您出了些状况，需要花费大笔费用，您还能为孩子存钱么？"

客户："这个……当然不能了。"

保险销售人员："如果您购买保险就可以解决这个后顾之忧了，只要您每年交几千元的保费，您的保单就会生效。一旦您出了状况，保险公司会理赔一笔钱给您的儿子，这样，他仍能享受到您的关爱。您不觉得这种保险比单纯的存款强吗？"

客户："你说的有道理，给我讲讲具体情况吧。"

保险销售人员：……

上例中，保险销售人员对待客户的异议，并没有立即否定客户，更没有立即摆事实讲道理，说明保险比储蓄更好，而是向客户提出一连串由浅入深的问题，引导客户自己否定自己，最终排除客户异议。问题引导法的优点还有很多，但主要包括四个方面，见表4-4。

表4-4　问题引导法的优点

优点	说明
引导客户说话	避免冷场
进一步了解客户	找出客户异议的真正原因，并获得更多有用的信息
为保险销售人员争取思考、分析、判断的时间	客户提出的尖锐问题，有时很难一下解答，这时采取问题引导法，能为保险销售人员争取思考的时间，使其考虑出有针对性的销售策略
引导客户解除异议	能引导客户解除自己提出的各种异议

运用问题引导法处理客户异议，需要掌握一定技巧，注意几个问题，见表4-5。

表4-5　使用问题引导法时需要注意的问题

问题	说明
不要急于求成	保险销售人员向客户提问时，不要急于求成，要由浅入深、循序渐进地提问
需有针对性	需针对异议进行提问，对于那些无助于引导客户的问题则不必询问，以免浪费时间，甚至节外生枝
注意引导	保险销售人员通过提问，引导客户逐步说出其真实想法，引导客户逐渐认识到保险销售人员的观点是正确的，并且要让客户感到是他自己做出的购买决定，而不是因为保险销售人员的强迫，或盲目听从了保险销售人员的意见
懂得察言观色	向客户提问需适可而止，在提问过程中，需随时注意观察客户的表情和姿势，对客户难以启齿的问题或无法说清的问题不要追问，避免直接冒犯客户
明确提问目的	保险销售人员向客户提问是为了排除异议，进而达成交易，而不是有意为难客户，更不能以驳倒客户取得争议胜利为目的
注意礼貌	保险销售人员在提问时，应充分尊重客户，讲究销售礼仪

如果引导性提问运用得当，就有助于保险销售人员及时进入下一阶段的工作；否则，保险销售人员很难说服客户，甚至会激怒客户。

五、心理优势置换法

心理优势置换法是指客户因占据信息、理论或道义优势的情况下提出异议,该异议使客户产生心理优势,形成成交障碍。为清除此障碍,需采用心理优势置换法。

众所周知,保险销售人员所销售的保险也不是十全十美的。客户获得的各方面信息越来越多,也就越来越精明,因此,当客户理智地提出一些保险中真实存在的问题时,如果保险销售人员能客观地回答客户,既可以让客户对保险销售人员产生信任,又可以使客户明白保险和其他类型事物一样,有优点也有缺点,但优点多于缺点时,就可以认定保险是可购买的。

心理优势置换法需要首先承认或肯定客户提出的异议,承认或肯定异议后,保险销售人员必须立即对其进行解释,若不能及时向客户解释清楚,可能会产生某种负效应,导致客户丧失购买信心。所以,在运用心理优势置换法时,保险销售人员应注意四个问题,见表4-6。

表4-6 运用心理优势置换法时需注意的问题

问题	说明
只承认确实存在的问题	在决定运用心理优势置换法前,保险销售人员必须对客户异议进行分析,只承认那些客观存在的、无法改变的事实
有效地进行心理优势置换	保险销售人员必须及时提出保险与成交条件的有关优点及利益,有效地抵消客户提出的那些客观存在的有缺憾的问题
有针对性的置换法	保险销售人员还可针对客户主要购买动机进行心理优势置换
淡化异议,强调保险利益	淡化客户提出的异议,减轻客户对异议内容的重视程度

特别提示

客户提出异议后,保险销售人员应认真思考其异议,并运用上述五种解决异议的方法,对其做出解答,切忌怠慢客户,导致客户对保险销售人员失去信任,从而更加坚定客户的反对理由。

第七节　卷土重来——再次访问，打开客户虚掩的门

保险销售是一个持续不断的过程，一般而言，在每次访问的尾声，保险销售人员就应与客户预约下次的访问时间。

一、创造再次访问的机会

创造再次访问机会的方法有三种，如图 4-17 所示。

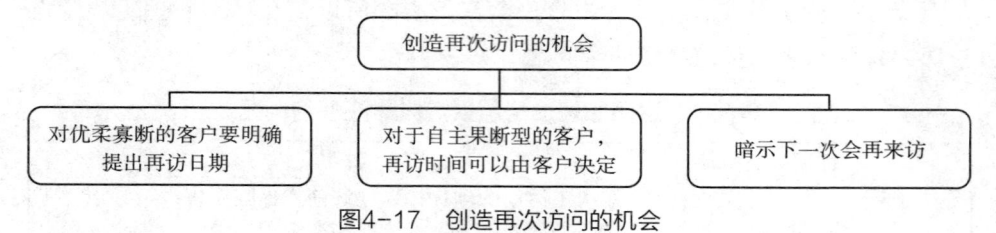

```
                    创造再次访问的机会
        ┌─────────────────┼─────────────────┐
  对优柔寡断的客户要明确    对于自主果断型的客户，      暗示下一次会再来访
      提出再访日期         再访时间可以由客户决定
```

图 4-17　创造再次访问的机会

（一）对优柔寡断的客户要明确提出再访日期

一般而言，女性客户多属于优柔寡断型，所以，保险销售人员在告别时，可以与其约定下次见面的时间，例如："下周六上午 10 点，我再来与您详细说明这款保险。"

（二）对于自主果断型的客户，再访时间可以由客户决定

具有独立性格的自主果断型的客户多半不喜欢被人安排会面的时间，对于这种客户，保险销售人员可用试探的语气，让客户指定会面时间。例如："下周三或周四，您哪天有空，我再来向您详细介绍一下产品？"

（三）暗示下一次会再来访

客户直接拒绝再与保险销售人员见面，保险销售人员切不可灰心，可以运用暗示你会再来的方法，对其进行说服。例如："下次我再带来另一种更适合您的保险产品，供您参考，您认为不合适也没关系，主要是想让您多了解一下保险产品。"至于再次来访的时间，保险销售人员就可自行灵活掌握了。

二、再访客户的技巧

保险销售人员想要更有效率地达到销售目的，就必须仔细学习再访客户的技巧了。拜访的技巧有很多，最有效的是以下四种：

（一）运用客户问卷调查表

设计几份不同的问卷调查表，带去请客户填写，问卷的主要内容涉及客户对于保险的接受程度，对保险的了解程度，以及有何保险意向，最后，与客户约定再访时间。

（二）利用资料

许多保险销售人员只将有关产品的宣传资料或广告信函留给客户，认为如此就算万事大吉了。其实，他们忽视了更为重要的一步：跟进销售。

许多客户在收到保险销售人员的资料后，很可能把它们冷落一旁，或者干脆随手扔进废纸堆。所以，保险销售人员对客户进行跟进是十分必要的。保险销售人员对客户进行再访时，可向客户询问是否已看过上次留下的资料，想法如何。无论客户是否看过资料，他们都会说出一些自己的看法，保险销售人员可充分利用这些看法，对其进行有针对性的销售。

（三）利用名片

（1）许多保险销售人员总是流于形式，在见面时，就将自己的名片递给客户，其实偶尔也可以反其道而行之，初次与客户见面不留名片，等到第二次拜访时再递上名片。

（2）故意忘记向客户索取名片。许多客户并不想把自己的名片随便留给不相识的保险销售人员，所以，这类客户会以名片已用完为借口，拒绝给保险销售人员名片。遇到此类情况，保险销售人员不应强求，反而可以顺水推舟故意忘记这档事，并将客户这种排斥现象当成是客户给你一次再访的理由。

（四）送上一份小礼物

在拜访过程中，保险销售人员向客户赠送适当的礼品，是为了表示祝贺、慰问、感谢的心意，并不是为了满足客户的欲望，或显示自己的富有。所以在选择礼品时，应挑选一些纪念意义强、具有一定特色、美观实用的物品。

在选择所送礼品之前，推销人员要了解客户，投其所好，买上一些客户急需的东西。当然，赠送的礼品应尽量与自己推销的产品保持一致，比如推销冰箱可送温度计，推销高级音响可送激光唱片，推销洗衣机可送洗衣粉。

总之，如何寻找再访客户的借口，用一句俗话来形容，那就是"戏法人人会变，只是技巧不同"，在再访客户技巧上，方法可以说是变化无穷，没有一定的模式或规定，只要保险销售人员多用心，就可以创造出许多独具创意的再访客户技巧。

三、再访客户的注意事项

再访与初访就其准备方法的注意事项而言，有两方面不同：

（一）遭拒绝，仍需开朗

"已经说过我不买保险，怎么你又来了！"许多保险销售人员在再访时，会遭遇这样的尴尬。鉴于客户对保险及保险销售人员抱有的成见和警戒心理，保险销售人员应比初访时用更开朗的心情和客户接触。若保险销售人员因思想准备不充分，被客户一打击，情绪就跌入低谷，灰溜溜地走掉，只能更让客户瞧不起。

（二）访问过程中要具有弹性

初访后，若毫无结果，则第二次访问时，保险销售人员就应改变销售策略了，最好以闲谈聊天为主。但若客户事务繁忙，就要识趣地早些告辞，再约下次见面的时间。

保险销售人员和客户接触时，需具备一定的弹性交际能力，绝不能光凭自己的热情或站在自己的立场上看问题，必须把握客户的心理，顺应客户。

再次访问的内容不仅是销售产品，还要千方百计地"销售"自己，使客户对你个人产生好感，进而达到销售产品的目的。

特别提示

部分保险销售人员对自己分析出来的、较有成交可能性的客户，会运用各种方法去接近他们，了解他们的基本情况，对产品的需求，据此整理出适合其情况的险种，以激发客户购买意愿，达到销售目的。

第五章 马到成功
——促成客户签单

第一节 挈领提纲——促成的原则和要领

任何事情都是按一定的形式或者规律发展的，保险销售工作也不例外，促成的原则是对整个促成工作的一个综合概括，换句话说，促成工作必定是在一定原则下进行的，这是取得良好的促成效果的前提。

一、促成的基本原则

促成的基本原则有七个，如图 5-1 所示。

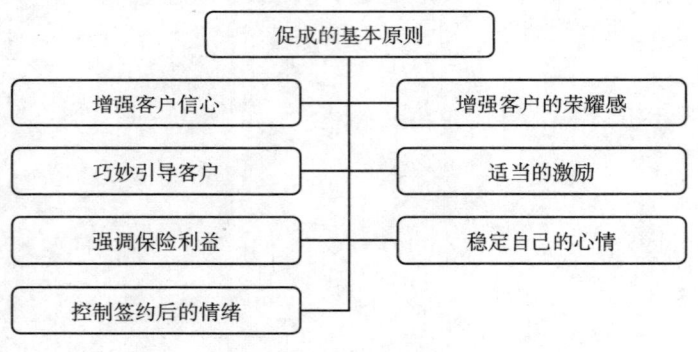

```
                    促成的基本原则
                    ┌─────┴─────┐
        增强客户信心         增强客户的荣耀感
        巧妙引导客户         适当的激励
        强调保险利益         稳定自己的心情
        控制签约后的情绪
```

图5-1 促成的基本原则

（一）增强客户信心

保险销售人员要想办法加强客户对保险的信心，使客户感到自己的未来需要有保险来做保障。

（二）增强客户的荣耀感

保险销售人员在促成过程中，需把增强荣耀感引入到保险购买计划中，使客户感到他的购买行为必将受到家人、朋友及同事的赞赏。

（三）巧妙引导客户

保险销售人员在促成过程中，要注意诱导的语言艺术。不要采取强硬引导的语言，而应根据客户的心理，采取使客户感觉到完全是自己在做决定的引导方式。

（四）适当的激励

激励应贯穿于整个保险销售过程，保险销售人员应让客户与自己产生共鸣，从而使客户接受投保建议。

（五）强调保险利益

客户购买保险其实就是购买一种利益。因此，保险销售人员在向客户说明时，应用具体的数字，向客户强调其投保后将能获取的巨大利益。

（六）稳定自己的心情

许多保险销售人员在促成快要成功时，往往在客户面前表现出贪婪或急躁的神情，这样的结果往往适得其反，使客户产生疑虑，从而取消购买计划。

（七）控制签约后的情绪

保险销售人员应牢记，喜形不露于色的道理，在签约完成后，切忌得意忘形，引起客户的反感。

二、促成的基本要领

促成阶段是整个专业化销售流程中最重要的阶段，是销售成功与否的关键。它不是一个单一的动作，而是一连串服务动作的延续。保险销售人员在这个重要阶段，除了掌握促成的基本原则外，还需掌握促成的基本要领。

保险销售人员应掌握的促成的基本要领，如图 5-2 所示。

```
                        促成的基本要领
        ┌───────────────┬───────────────┼───────────────┬───────────────┐
   树立专业的销售形象      完善销售计划      解除客户的疑虑       不要急于求成
```

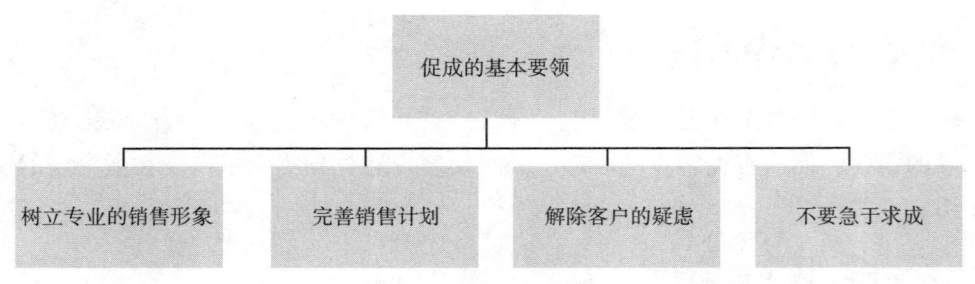

图5-2　促成的基本要领

（一）树立专业的销售形象

树立专业的形象，其目的在于取得客户的信任。当客户决定是否购买保险时，影响他们决定的主要因素在于保险销售人员是否取得了他们的信任。当客户在保险销售人员身上感受到自信、诚恳、专业性等优秀品质，才能对其产生信任，才会采纳保险销售人员的保险建议。

（二）完善销售计划

保险销售人员想要完善销售计划，就必须遵循一定的原则，掌握一定的方法技巧。

1. 完善销售计划应遵循三大原则

（1）确保接触客户的时间最大化。没有接触，就没有销售业绩，销售人员和客户面对面的接触时间决定了业绩的好坏。

（2）明确所要达成的最终目标。要完善销售计划，保险销售人员就必须先了解自己的目标。目标是公司对保险销售人员的期望，也是保险销售人员需要完成的任务，这些目标必须遵循公司的策略性目标及优先顺序。

（3）充分了解所能利用的资源及其优劣势。要达成目标，保险销售人员应检查自己拥有的资源状况：产品知识，价格权限，现有客户关系，客户资料库，销售区域，销售辅助器材等。

2. 完善销售计划的方法

（1）多次查看客户资料。

（2）针对不同客户制定有针对性的销售策略。

（3）多次修改销售策略，直到达成完美的目标为止。

（4）将自己制订的销售计划拿给公司内的销售精英看，让其对计划提出指导性意见。

(三) 解除客户的疑虑

通常，大家在购买某种贵重商品时都有过这样的心理状态：犹豫不决，难以做出决定。保险销售中的客户也会出现这种心理状态。保险销售人员要想顺利达成交易，就必须解除客户的这种心理状态，打消其疑虑。

在某次已接近成交的保险销售过程中，客户张女士因为丈夫不在家，害怕自己吃亏，更害怕自己决定错误，对是否购买保险表现得犹豫不决。保险销售人员为了达成交易，对张女士说："天有不测风云，人有旦夕祸福的道理是众所周知的，在这种情况下，产生了保险，保险能为我们降低风险，提供保障。像您即将购买的这种保险产品，在您年满50岁时，公司会给您一笔丰厚的满期金，如在50岁之前，发生理赔范围内的事故，公司将赔付一定的理赔金给您，并且，这款产生还有个特点，即当您想中途退保，我公司将为您办理解约手续，按一定比例返还给您保险金。"听了这位保险销售人员的详细解释，张女士终于下定决心，并最终与其签订了保险合同。

(四) 不要急于求成

保险销售人员都十分在意自己的业绩，即签单的多少。因此，心急的保险销售人员在促成时经常会使用一些激进的话语来刺激客户购买，然而，物极必反，如果这样做反而会让客户产生压迫感，从而心生抗拒。保险销售人员应明白欲速则不达的道理，快速促成是有技巧的，必须掌握适当的促成时机，才能收到良好的效果。

特别提示

保险销售人员必须掌握好促成的时机，才能踢好临门一脚。在实际销售过程中，出现下列情况时，就表示是促成的好时机了：

(1) 当客户觉得他有能力支付时。

(2) 当客户与你的看法一致时。

(3) 当客户隐含说出"喜欢""该保险产品确实能解除我的后顾之忧"时。

(4) 当客户关注的问题得到圆满解决时。

（5）当客户询问售后服务事宜时。
（6）当客户询问钱款支付方式时。
（7）当客户认可你所总结的产品利益时。

第二节　取之有道——促成的方法

在保险销售人员和客户交谈的过程中，通过客户的言谈举止可以判断出客户的成交意向。当出现有利的成交信号时，保险销售人员应抓住有利时机，使用恰当的方法促成交易。促成交易的方法和技巧多种多样，保险销售人员必须视具体情况灵活运用。

一、促成的方法

促成交易的方法，归纳起来有八类，如图5-3所示。

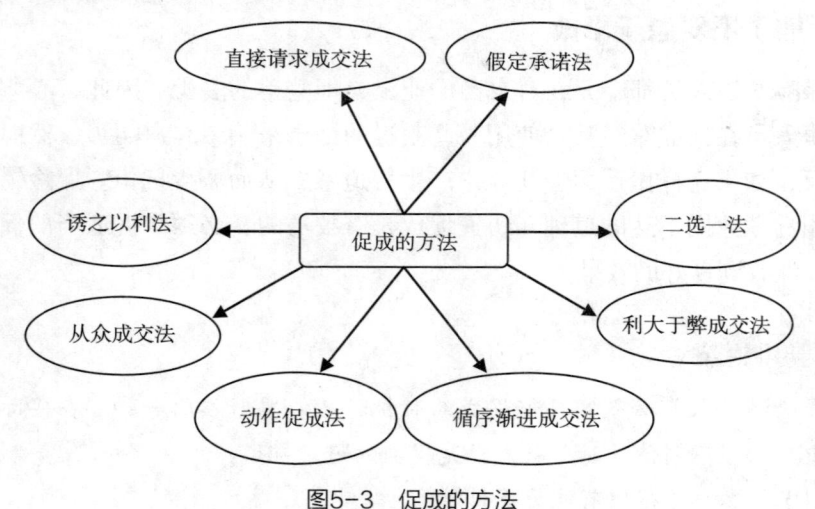

```
        直接请求成交法      假定承诺法

诱之以利法  ←——  促成的方法  ——→  二选一法

                                 利大于弊成交法
从众成交法

        动作促成法      循序渐进成交法
```

图5-3　促成的方法

（一）直接请求成交法

在销售过程中，由于保险销售人员采用正确的行销策略，运用有效的诱导方法，最终说服客户产生了购买愿望，并认可保险符合自己的需求，最终向保险销售人员发出购买信号。此时，保险销售人员应抓住机会，适时向客户提出成交的建议。例如，保险销售人员可以对客户说："既然您没有什么疑问了，我看现在您就把保单签下来吧……"类似这种单刀直入要求客户做出购买决定的敦促手段就是直接请求成交法。

使用直接请求法，必须看准成交时机，利用好成交时机对客户提出主动请求。比如，可以向客户施加某种成交压力，敦促客户立即做出购买决定，防止客户故意拖延成交时间。运用请求成交法促成交易，前提是保险销售人员非常准确地把握住了成交时机。

请求成交法虽说简单，但更需要讲究请求的语言策略及技巧，保险销售人员不能一味地催促对方，使客户产生压力，这样反而会适得其反。

适合运用请求成交法的情况有三种，如图5-4所示。

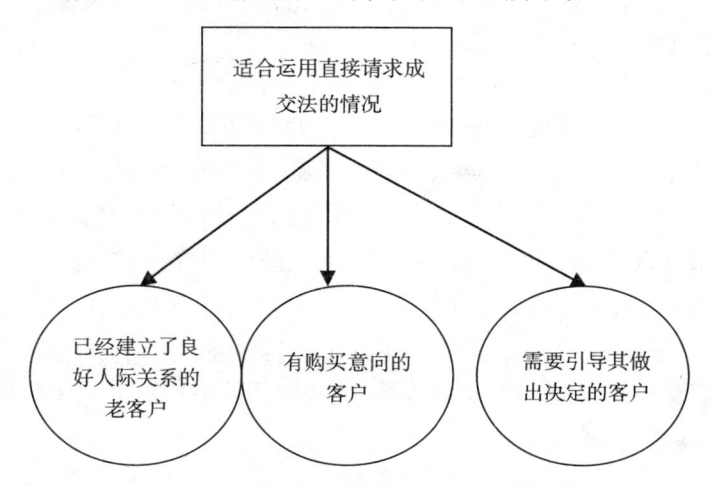

图5-4 适合运用直接请求成交法的情况

1. 已经建立了良好人际关系的老客户

保险销售人员非常了解老客户的需求，而老客户也因为与保险销售人员的关系好，而乐意接受保险。因此，老客户一般不会反感保险销售人员的直接请求。保险销售人员可以轻松地对老客户说："我们公司现在推出的××新险种，非常适合您，您看看保险条款，觉得合适就购几份吧。"

2. 有购买意向的客户

若客户对保险销售人员推销的险种有好感，也流露出了购买意向，可一时又犹豫不定，或不愿主动提出成交要求，保险销售人员就可以用请求成交法来促使客户尽快购买。

例如，一位退休老人对保险销售人员推荐的养老保险非常感兴趣，反复询问它的投保条件和价格，但因为老伴没在家，迟迟做不了购买决定。此时，保险销售人员可以运用请求成交法帮助客户做出购买决定："这种保险很多像您这样的老人都购买了，因为它价格便宜，所保的风险也较全面，您放心吧，您买了，老伴回来知道了，一定会说您有眼光的。"

3. 需要引导其做出决定的客户

有时，客户充分了解了保险后，对保险表示出一定兴趣，但还没有将这种兴趣提升到购买的高度。此时，保险销售人员可直接向其提出购买请求。例如："这里有一份保单，是刚才我给您介绍的那款产品，您看一下。"其实，这样的请求并非一定就是要马上成交，而只是集中客户的注意力，让客户意识到应该考虑是否购买保险。

（二）假定承诺法

如果客户对保险销售人员的解释已经毫无疑问了，而且对保险销售人员的促成也作了默认，那么，保险销售人员就可以假定客户已经认同了自己的保险说明，他已经做好了购买保险的准备，只等保险销售人员开口帮助客户完成购买的动作了。但在这种动作之前，通常需要让客户做一些次重点的选择。例如："您看受益人是填您的妻子还是女儿？""您的身份证号码是多少？""您的身体状况怎样，最近一年内有没有住院的经历？"

使用假定承诺法是一种非常有效的方法，但在使用时，保险销售人员应注意四个问题，如图 5-5 所示。

◆ 应在客户发出明显购买信号时才提出请求
◆ 主动提出成交意向
◆ 应注意心理上不自卑，表情上不紧张
◆ 发现客户心理压力太大时可适当采取减压措施

使用假定承诺法应注意的问题

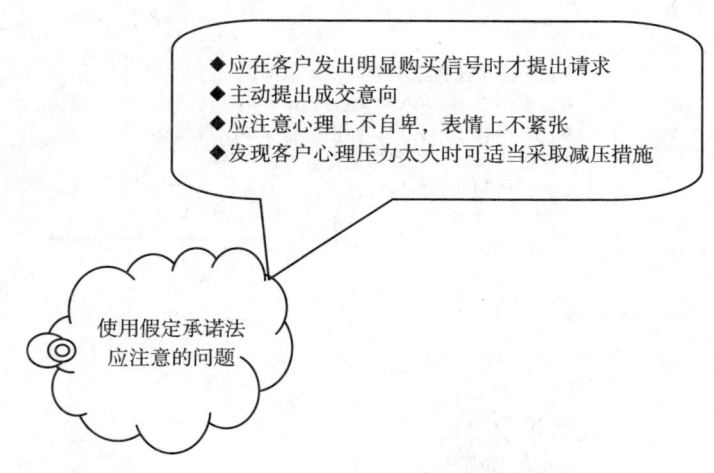

图5-5　使用假定承诺法应注意的问题

（三）诱之以利法

诱之以利法最适于在客户讨价还价时使用。如果客户坚持要保险销售人员在保费上给予一定优惠，保险销售人员不妨利用一下客户的这种爱占小便宜的潜在心理，适当给出一些优惠，让客户体会到现在是投保的最佳时机。

例如，保险公司可举办一些活动，比如客户联谊会、有奖竞猜、客户特场电影等。作为销售人员，必须善于将公司组织的这些活动向客户说明，渲染这些活动的趣味性和重要性，告诉客户如能早日签单，就可以参加这些活动，有很大的机会获得意外收获。另外，保险销售人员还可以从自己的保险佣金里，抽出一百多块钱为客户买一份意外伤害保险。这样做，可以让客户感受到保险销售人员的诚意。

（四）二选一法

二选一法是指保险销售人员为客户设计与其保险需求相吻合的两种投保方案，请客户从两种方案中选择一种，使其在不知不觉中成为签约的客户。例如："您认为方案一适合您，还是方案二更适合您？"

保险销售人员在使用二选一法时，应注意以下五个问题，如图5-6所示。

使用二选一法应注意的问题：

◆ 把客户的选择限制在有限的范围内
◆ 向客户提出具有可行性的选择方案，使其易于做出决定
◆ 把选择权交给客户，但把主动权留给自己
◆ 在提出选择方案时保持良好的成交气氛
◆ 有效地帮助客户进行选择，当好客户购买决策的参谋与顾问

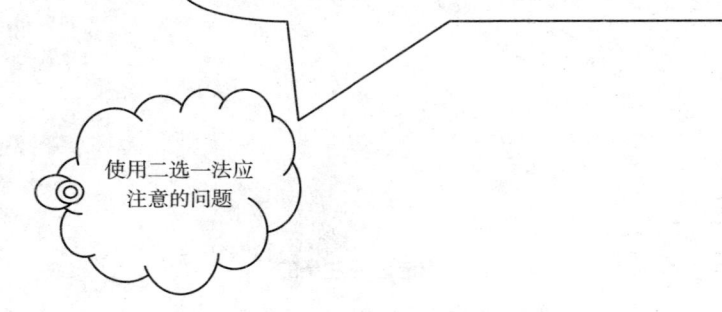

图5-6　使用二选一法应注意的问题

（五）利大于弊成交法

利大于弊成交法就是保险销售人员通过向客户陈述购买保险后，所得到的利益大于客户认为购买保险后所带来的弊端，从而战胜客户，说服客户，促使成交。客户为什么迟迟下不了决心购买保险呢？其原因并非是他不需要，而是对于保险销售人员所提供的保险计划有异议，认为保险计划弊多于利，他吃亏了。当然，利、弊既是客观事实，又渗入了许多主观判断和感情因素、非理智因素。保险销售人员在这一阶段的工作是对自己的产品无论从转嫁风险、储蓄或投资，以及与其他竞争对手相比较，都能列举出更多、更大、更重要的"利"，并把客户情绪化的非理智因素转换成理智因素。

运用这一成交法时，保险销售人员不但需要对保险产品了如指掌，还要有足够的风险管理知识和投资理财知识，并对客户的需求做到了然于胸。另外，保险销售人员在运用这一方法时，还应实事求是，不故意隐瞒产品的缺点，也不能无中生有，夸大其词，而只能针对客户的需要心理，突出重点，反复强调其优势。

客户："我觉得买股票比买保险的收益要高。"

保险销售人员："李先生，您的投资意识真不错。买股票的确很划算，要不然不会有那么多人热衷于炒股了。可是我常听炒股老手说，十个炒股九个赔，也就是说炒股并不是人人都可以赚到钱的。炒股当然是一种选择，但很明显，它的风险比买保险大很多。"

客户："我想先比较一下再说。"

保险销售人员："您是对的，有比较才能鉴别出哪个好。李先生，我们现在就把两者的性价比进行一下比较，好吗？我们先看下表（出示对比表），您看：买保险，没有风险；炒股票，风险很高。买保险，本金可大可小由客户决定；炒股票，本小利微，大投入才有可能赚大钱……"

当保险销售人员逐一列出保险与其他投资方式的利弊后，其优劣势也就显而易见了。

（六）从众成交法

从众成交法是指保险销售人员利用客户的从众心理，通过客户间的互相影响、互相跟随，来促使客户立即购买保险的一种成交方法。人们的购买行动既是一种个体行为，又是一种社会行为、集体行为，个体行为表示其会受到个人购买动机、需求欲望、购买能力的支配，而作为社会行为、集体行为，又受到社会购买环境的影响和制约。因此，客户在做购买决策时，知道他熟悉的人、有名的人都购买了产品，就会认为：他们都买了，我买肯定不会上当，即使上当，也不是我一个人。

（七）动作促成法

动作促成法是指在同客户面谈时，利用各种有利于达成交易的动作来促成交易。这些有利于促成交易的动作包括七个方面，见表5-1。

表5-1　有利于促成的动作

动作	说明
选择合适的座位	选择的原则是：一般根据客户的意思，由客户安排，但要选择便于书写和解释的地方，与客户的空间距离不宜太远，应缩小距离，增加亲切感

续表

动作	说明
展示建议书	保险销售人员应把握好时机向客户展示建议书，同时注意动作顺序，给客户一种专业人士的印象
适时拿出投保单	选择客户已基本认同，对保险销售人员较信赖时拿出投保单
确定受益人	可以用暗示法完成，或者用反客为主的方法完成。确定受益人，应视客户具体情况含蓄地提问
向客户传递手中的笔	这一步的目的带有半强迫性，它的目的在于引导客户在"投保人"一栏中签字
征询对方以何种方法缴纳保费	直截了当地发问
准确填写收费收据	这一步是表明保险销售人员的专业形象，同时说明保险销售人员做事严谨，严格照章办事

（八）循序渐进成交法

循序渐进成交法，即按照一般销售的步骤来接近客户，建立起共同话题，解决客户提出的异议，直至达成交易。这一方法比较适于在购买保险时，左思右想、举棋不定的客户。运用这种方法首先要求保险销售人员对客户有耐心，专心致志地倾听客户说话，找出客户的异议在何处，有选择地加以讨论，最后解决问题，达成成交。

例如，当保险销售人员给张先生介绍了某一险种后，张先生回答："我还想再和妻子商量一下。"张先生如此回答，有可能是他对这个险种还存有疑虑，或者完全是一种推脱之辞。这种情况下，保险销售人员怎样扭转局势呢，方法很简单，保险销售人员可以紧接着问一句："张先生，是我没有介绍清楚保单的功效吗？"若张先生说："不是，不是，你讲得很清楚。"保险销售人员可以继续以诚恳的态度追问："那是哪方面的原因？是有关我们公司方面的原因吗？"张先生又说"不是"，"是这张保单的保额达不到您的要求吧。"张先生再说"不是"，"是不是因为付款的方式，张先生不能接受呢？"如此一直追问下去，一般问到最后，客户都会说出真正的原因。

二、促成签约的注意事项

保险销售人员促成签约需注意的事项有四种：

（1）坐在客户的右边，这样客户写下的东西，进行的运算和举的例子都在自己的视线内。

（2）要与客户坐在桌子的同一边，桌子夹在中间，不利于交谈。

（3）要准备好一份单独的建议书，使客户认为这是根据他的情况特意制作的。

（4）让客户帮你一起计算，画草图，使他也参与其中。

> **特别提示**
>
> （1）促成是在推销过程中的最后阶段，为了促使客户下定决心购买保险产品，而采取的一切有利于保险合同签订的方式方法。从广义上说，它包括为客户决定购买所做的保险产品说明、各种方式的启发引导，以及排除外在因素的不利影响等。
>
> （2）促成的失败会直接造成保险合同的签订失败，会使推销工作陷入困境。因此，掌握好促成的知识及技巧，对保险销售人员而言至关重要。

第三节　立竿见影——采取有效促成交易的措施

保险销售人员在掌握了促成的方法后，还应掌握采取有效促成交易的措施，才能更好地踢好临门一脚，如图5-7所示。

```
                采取有效促成交易的措施
                ┌──────────┴──────────┐
        合理运用激将法              默许的运用
    强烈促成与温和促成相结合        巧用欲擒故纵法
```

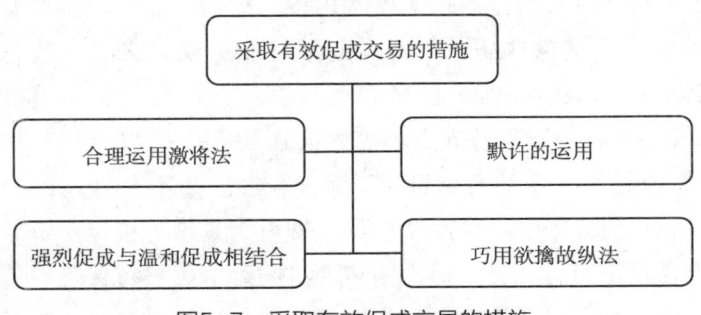

图5-7　采取有效促成交易的措施

一、合理运用激将法

激将法是对已经了解保险的好处与利益,但却以各种借口拖延成交时间的客户,采用对方熟知的人投保的事例或众所周知的灾害事故图片、案例、保险理赔故事等引起对方的兴趣,从而激起客户购买保险的决心。

日本最伟大的寿险销售人员原一平,多次去拜访一位性格孤傲、冷漠的客户,可那位客户就是对他不理不睬,于是原一平决定对其采用激将法,对此客户说:"您是个十足的大傻瓜!"那位客户闻言,暴跳如雷:"什么!你敢骂我?"原一平微笑着说:"别生气,我只不过跟您开个玩笑罢了,千万不能当真,只是我觉得很奇怪,按理说您比××先生更有钱,可是他的身价却比您高,因为他为自己购买了1000万元的人寿保险。"客户听到此番话,当即不服气地购买了2000万元的人寿保险。

保险销售人员在遇到此类客户时,也可这样说:"您的××亲戚和朋友都购买了这种保险,以您的能力,相信肯定也能承受得起。"或"刘先生,李先生的身价是50万元,您呢?您各方面都比他强,我相信您的身价比他更高才对,是100万元还是200万元?"以此方法激将客户的看法,及时促成交易。此方法对促成高保额保单特别有效。

二、默许的运用

默许法是指准客户已基本接受保险销售人员的观点和方案后,保险销售人员主动提出一些试探性问题,督促其默认并达成成交的目的。保险销售人员在和客户谈保险时,客户已经在沉默思考,这时,保险销售人员就可以及时地问客户:"您看受益人是填您爱人还是小孩呢?""您的地址和电话是……""能否看一下您的身份证?"等,若客户毫不介意地回答保险销售人员所提出的问题,则暗示其同意投保,即可为其填写投保单;若客户回答是"不"或者阻止即时成交,保险销售人员则可继续进行保险宣传,巧妙运作其他技巧尝试成交。此方法可以帮助保险销售人员避开客户的拒绝,巧妙促成交易。

三、强烈促成与温和促成相结合

优秀的保险销售人员都会把握发现的每一个客户可能购买的信号。前面提到，促成交易要敢于向客户施加其"乐于接受"的压力，但保险销售人员应针对不同客户，施加不同压力，这样才能取得事半功倍的效果。一般而言，施压有两种方式：强烈促成和温和促成，见表5-2。

表5-2　强烈促成和温和促成的概念及适用范围

内容	概念	适用范围
强烈促成	保险销售人员以既定的顺序和主观意志向客户快速施压，引导客户走向难以推辞，直至采取购买行动的目标	在竞争者非常强劲或客户对保险产品需求量大（比如团体商业保险）的情况下，保险销售人员可以采取强烈促成的推销手段
温和促成	经过耐心而有力的说服，使客户的购买欲望逐渐提升至最高点	对于一般客户，通常可以实行这种策略。它需要保险销售人员以客观的态度审视客户的成交意愿，站在客户的立场上考虑问题

四、巧用欲擒故纵法

欲擒故纵法，即是想促成交易，却故意先放慢速度或先冷落客户一段时间，然后才激发客户，从而达到促成的方法。

保险销售人员在工作中会经常碰到恃才傲物、自以为是的客户，这些客户会称：保险我懂，都是骗人的，交费容易，赔付难；我们有充裕的钱养老，不需要保险。对于这类客户，保险销售人员可以先采取冷淡的态度压住对方的气势，进而运用以下两个步骤达成交易：

（1）运用挑衅话术引起客户的重视，例如："您认为是您有钱还是中国首富有钱？首富都为其家人购买了足够的保险，您呢？"

（2）待客户态度有所转变时，再运用热情感染、激励客户，规劝其投保，如："据我了解，您是一位非常成功的人士，白手起家，做到现在，拥有了自己辉煌的事业，我非常佩服您，相信您在理财方面也有自己的独到之处，我们一起探讨，可以吗？"这个方法也许对我们的实际工作有很大的帮助。

总之，既然促成是一种动作，就有方法可依，了解并掌握了这些方法，将有助于保险销售人员顺利地完成促成动作，达到成功签单的目的。同时，优质的服务有利于保险销售人员帮助公司树立良好的企业形象，增强社会各界人士对企业的信任感，提高客户的忠诚度。

> **特别提示**
>
> 保险销售人员要想销售促成有效，就必须做好充足的准备工作：
> （1）每一次的拜访活动，都应视为促成销售的拜访。
> （2）销售过程中的每一个阶段，都必须有促成的心理准备。
> （3）让客户随时都能看到投保用的申请书。
> （4）需要有积极负责的态度。
> （5）具备屡败屡战的勇气。

第四节　伺机而动——把握最佳的成交时机

你知道打火机的工作原理么？当你打动滑轮，擦出火花，并及时供应充足的气体，火焰就产生了。有时候（也许你的打火机出了点小故障）只见火花不断闪现，但形不成火焰，原因是液化气不能及时供应。

我们可以将时机理解为：时机犹如那千分之一秒的火花闪现；抓住时机则是在那火花闪现的刹那间，及时提供充足的燃料，使其形成熊熊大火。

抓住时机，促进成交，在保险销售中占有十分重要的地位。因为一切销售步骤的最终目的都是为了成交。如果一位保险销售人员具有了保险专业知识，也了解寻找客户的原则，掌握了面谈的技巧，但就是不能成功地临门一脚，达成交易，那他就不是一个合格的保险销售人员，并且，他前面所付出的努力都将归于虚无。因此，洞悉成交信号，把握时机成交，便成了保险销售过程中的关键行为。

一、洞悉成交信号，把握成交时机

成交信号是客户成交意向的外在表露。作为保险销售人员需认真观察客户的言谈举止，一旦发现成交信号出现，就必须马上试探成交的可能。如果保险销售人员没有培养出对成交信号的高度敏感性，或者根本就不明白成交信号是什么，那么他很有可能失去成交的机会，至少会大大拖延成交的时间。因此，保险销售人员在和客户面谈时，需时刻留意客户表达出的各种成交信号，以把握住最佳成交时机。

（一）面谈中的成交信号

客户有了购买保险的欲望时，首先会体现在与保险销售人员的面谈之中，并出现某种信号，这些信号都是客户有意识发出的。一般来讲，客户在面谈中表现出的成交信号主要有以下几种，见表5-3。

表5-3　客户在面谈中发出的成交信号

成交信号	具体说明
客户认真听取保险销售人员的讲解	当保险销售人员将保险的有关细节以及各种交易条件做详细说明时，客户显示出认真倾听的神情，并提出自己不明白和存有疑问的问题
与保险销售人员谈优惠条件	争取优惠是每一位有购买欲望的客户都想做的事情，一旦客户与保险销售人员谈优惠条件，就证明客户真心想购买保险产品了
客户主动说明自己了解的有关这类险种的情况	这说明客户潜意识中已经接受了这种保险，只等待合适的机会来购买这种产品了
对目前正在使用的其他保险公司的保险不满	这是销售成交的好机会，但保险销售人员不能过分附和客户，批评其他保险公司及其保险，而应适时地强调自己保险的优点
态度发生很大变化	对保险销售人员的接待态度明显好转，说话语气也发生了明显变化。这说明客户已经信任保险销售人员，并愿意听其谈论此种保险的各种好处

（二）行为方面的成交信号

客户在打算购买保险之前，会在表情、动作、语言等方面留下不同的成交信号，这就需要保险销售人员通过细心的观察去发现它们。这些行为方面的成交信号有五种，见表5-4。

表5-4 行为方面的成交信号

成交信号		具体说明
表情信号		客户频频点头，对保险销售人员的介绍或解释表示同意
		客户再次详细查阅保险销售人员带来的资料，如条款、保单
		语气比以前温和了很多，态度更加友好，原来的敌意消失了
		紧锁的双眉展开，眼角舒展，自然微笑，兴致勃勃
		客户突然不说话，若有所思
动作信号	双手	如果客户摊开手掌，或伸开双臂，往往表示接受，是签约的好机会
		手握成拳状，并下意识地用劲时，是签约的好机会
	头部	面带微笑，头偏向一侧，说明客户有浓厚的兴趣，可以提出签约
		不断点头，并伴随肯定的话语，则表示客户完全同意，是签约的好时机
	坐姿	面谈结束时，身体前倾，表明客户对保险销售人员提供的信息有兴趣，此时可提出成交的要求
	眼睛	眼神随着保险销售人员的谈话内容不断变幻，并表现出渴求、惊奇、兴奋的神色时，保险销售人员就可大胆地提出签约要求
提问信号		反复了解能得到哪些保障，或哪些利益
		交费多少，交费的方式
		如何索赔，哪些责任除外
评论信号		"这正是我（或我家人）所需要的！"
		"这真不错，能解决我的问题！"
		"我们家孩子上大学的费用就不用发愁了"
语言信号		"我需要体检证明吗？"
		"保费能不能再便宜一点？我认为有点贵"
		"每年的保额如何递增？"
		"保险期满，养老金怎么提取？能退回多少金额？"
		"这张保单能起作用吗？"
		"你们公司可靠吗？你有其他投保人的资料么？"
		"我们需要履行哪些手续？"

二、在面谈达到高潮时，提出成交

客户与保险销售人员谈得兴致正高，气氛最融洽时，提出签约最有成功的可能。

当然，提出成交的前提是客户对保险理念、基本知识、常识有了一定的了解，并且已经显示出购买意向。但要注意，还处在沟通阶段或仅是处在闲聊的高潮时，保险销售人员千万不要提出成交的要求，那样只会破坏谈话的氛围。

三、客户表示出浓厚的兴趣时，提出成交

最明显的成交时机是客户对保险产品表示出浓厚的兴趣，并直言："行！买一份吧。"这时，许多保险销售人员往往表现得喜形于色，但要记住，别让胜利冲昏了头。易于做出决定的人，也是易于反悔的人。这时，保险销售人员反倒应当冷静地面对。"先生，您真的了解全面了吗？没有其他疑问了么？""那么从您签约的这一刻起，这张保单就生效了？""您今天或明天哪一天有空，我陪您去检查一下身体。因为只有体检合格的人才能保这个险种。"

这样一来，会让客户心里踏实："嗯！这位保险销售人员挺为我着想的，为我考虑得多，可以放心与他合作。"

总之，抓住成交机会，随时促成交易，是保险销售人员最基本的技能。它要求保险销售人员在捕捉到成交信号的时候，主动出击，有针对性地说服客户，促成交易。

四、积极创造适时成交的条件

适时成交一般应具备一些条件，否则，保险销售人员即使有再高超的成交技巧也难以发挥出来。因此，每位保险销售人员都须积极创造适时成交的良好气氛和条件，见表5-5。

表5-5　适时成交的条件

适时成交的条件	具体说明
安静的洽谈环境	这对能否成交很重要，若有他人介入，会打乱客户与保险销售人员的谈话，或改变销售程序，分散客户注意力，甚至使客户改变购买决定
充分的信任	保险销售人员必须使客户信任自己以及自己所代表的保险公司。否则，客户是不会购买保险产品的

续表

适时成交的条件	具体说明
完全的掌握	客户称自己已完全了解保险产品及其利益，这时，保险销售人员不妨用"对这些险种您还有什么意见或疑问吗？""我的说明能使您满意吗？"等语言测验一下客户是否已完全了解了保险产品
购买欲望	客户必须有购买的欲望
简洁的资料	简洁的保险计划或投保单、说明书，能使客户非常清楚地了解保险，从而减少客户成交的顾虑

五、巧妙使用适时成交的辅助工具

在销售过程中，保险销售人员若能巧妙利用下列辅助工具（表5-6），也能使保险成交更富成效。

表5-6　保险成交中使用的辅助工具

成交的辅助工具	具体说明
投保单	在成交时机成熟时，可利用投保单进行销售说明。一边询问客户的收入、健康状况、出生年月等个人资料，一边填写投保单，设计投保方案，排除异议，适时成交
保险销售图片	将一些天灾人祸的惨景图片、幸福家庭的生活图片、相关险种的理赔照片、企业安全生产的照片等，在必要时候拿给客户看，从而加强客户购买的决心
典型的保险事件	剪辑全国乃至全世界的自然灾害、重大事故、交通事故等的统计资料、报道及有关保险情况的宣传资料；恶性疾病的资料及保险报道；因投保而拯救整个家庭的报道；著名人物曾经富有而晚年贫困的报道；各险种的典型案例，名人投保及评论保险的轶闻趣事等
客户的表扬信	将客户写的表扬信、感谢信等适时展示一下，能有效消除客户的疑虑，获得信任并立即成交

特别提示

保险销售人员经过一系列的努力，激起了客户的购买欲望。不过，这时距离交易成功还有一段距离。在销售过程中，客户为了确定自己所提出的问题能得到满足，往往不愿意主动成交，但可以肯定的是，他们的购买意向总会以某种方式有意无意地流露出来，在这种情况下，保险销售人员必须能及时、准确地破解出客户的成交信号，促成交易。

第五节　巧妙应对——把握成交的基本技巧

客户通过多种形式表露出购买欲望时，保险销售人员应抓住时机，给予适当的提示，这样做能加快和坚定客户的购买决心，以促成交易。

成交的基本技巧很多，但需因人而异，因地制宜。常见的有以下几种，如图5-8所示。

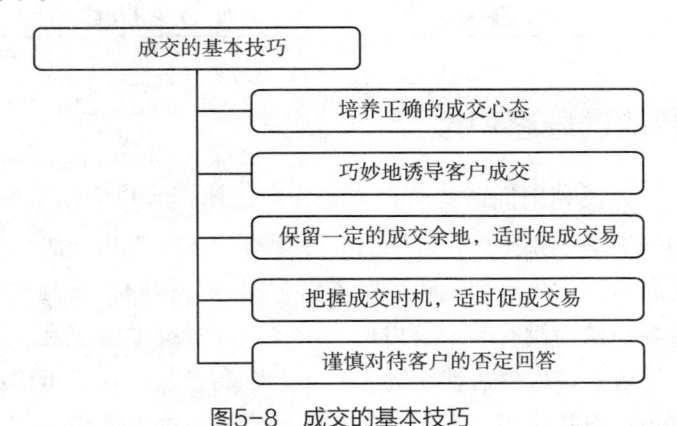

```
成交的基本技巧 ─┬─ 培养正确的成交心态
              ├─ 巧妙地诱导客户成交
              ├─ 保留一定的成交余地，适时促成交易
              ├─ 把握成交时机，适时促成交易
              └─ 谨慎对待客户的否定回答
```

图5-8　成交的基本技巧

一、培养正确的成交心态

成交是销售过程中一个重要的"门槛"，保险销售人员心理上的障碍，会直接影响到最终的成交。许多保险销售人员或多或少对成交存有恐惧感，总是担心提出成交后遭到客户拒绝，或者总是等待客户主动提出成交的请求。从心理角度来讲，保险销售人员的这种心理状态是一种心理恐惧症，这种心理恐惧症对于保险销售人员有着很大的负面影响。下面我们列举一些保险销售人员比较常见的成交心理障碍，并对此加以分析（表5-7）。

表5-7 常见的成交心理障碍及分析

成交心理障碍	具体分析
担心成交失败	产生这种心理障碍的主要原因在于社会偏见的深刻影响，有些保险销售人员缺少成交经验，没有足够的心理准备，容易产生这样的成交恐惧症
职业上的自卑感	产生这种成交心理障碍的主要原因在于社会成见，保险销售人员本身的思想认识水平也会导致不同程度的自卑感。产生这种自卑感的主要原因是保险销售人员没有充分了解自己工作的社会意义和价值
害怕主动提出成交	有些保险销售人员未能成交，仅仅因为他们认为没有必要主动提出成交，他们认为客户在面谈结束时会自动购买。但是，事实证明，绝大多数客户都采取被动态度，需要保险销售人员首先提出成交要求
期望过高	保险销售人员成交期望太高，就会产生太大的成交压力。这种压力虽是成交的动力，但也是成交的阻力。一旦成交期望太高，就会破坏良好的成交气氛，引起客户的反感，直接阻碍成交

二、巧妙地诱导客户成交

保险销售人员利用说话的语言艺术，设法诱导客户主动采取购买行动，这是成交的一项基本技巧。一般而言，如果客户主动提出购买，说明保险销售人员的说服工作十分奏效；也意味着客户对这种保险产品及交易条件十分满意，以致客户认为没有必要再讨价还价，因而成交非常顺利。所以，在销售过程中，销售人员应尽可能诱导客户主动购买产品，这样可以减少成交阻力。由于自我意识的作用，人们对于别人的意见总会下意识地产生一种排斥心理，尽管别人的意见很对，也不乐意接受，就算接受了，心里也会感到不愉快。因此，保险销售人员在说服客户采取购买行动时，一定要让客户觉得这个决定是他自己的主意。这样，在成交时，客户的心情就会十分舒畅、轻松，甚至为自己做了一笔合算的交易而自豪。

三、保留一定的成交余地，适时促成交易

保留一定的成交余地，有两个方面的内涵。一是在销售面谈中，保险销售人员应该及时提出销售重点，但不能和盘托出。这是因为客户从对你的销售产生兴趣到做出购买决定，总是需要经过一定过程的。到成交阶段，保险

销售人员如能再提出某个要点和优惠条件，就能促使客户做出购买决定。二是即使某次销售未能达成交易，保险销售人员也要为以后客户购买留下一定的余地，希望日后还有成交的机会。因为客户的需求总是在不断变化，他今天不需要保险，并不意味着他永远不需要。遭到客户严词拒绝后，保险销售人员仍需留下名片和产品目录，并说："如果有一天您需要购买保险产品的话，请随时与我联系，我很愿意为您服务。在价格和服务上，可以考虑给您一些优惠条件。"这样做，能使保险销售人员赢得一些日后回心转意的客户。

四、把握成交时机，适时促成交易

掌握成交时机，适时促成交易的策略，是一个完整的销售过程，需经历寻找客户、销售接近、销售洽谈、处理异议和成交等不同阶段。这些不同的阶段相互联系，相互影响，相互转化，并且在任何一个阶段，随时都可能达成交易。保险销售人员必须机动灵活，随时发现成交信号，把握成交时机，促成交易。

掌握促成交易时机，要求保险销售人员具备一定的直觉判断，只有具有这种特殊的职业敏感，才能及时有效地判断出交易时机。一般来说，下列三种情况可视为促成交易的好时机，如图 5-9 所示。

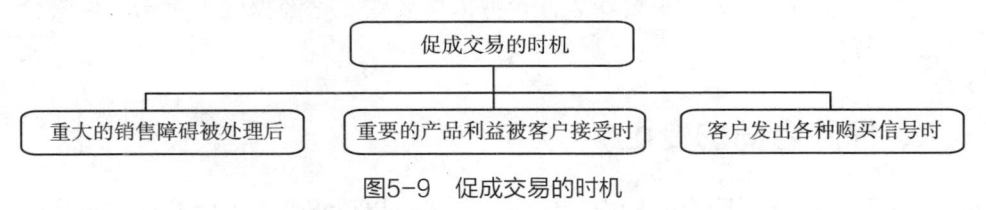

```
                促成交易的时机
    ┌───────────────┼───────────────┐
重大的销售障碍被处理后   重要的产品利益被客户接受时   客户发出各种购买信号时
```

图5-9　促成交易的时机

五、谨慎对待客户的否定回答

事实证明，保险销售人员在第一次销售过程中，被客户拒绝的概率非常大。但是，一次被拒绝并不意味着销售的失败，保险销售人员需要通过反复的销售努力，达成最后的成交。销售界有句名言：销售的成功是从被拒绝开始的。说的就是要谨慎对待客户的否定回答，不能因为客户的拒绝而放弃努力。前面已经分析过，客户拒绝成交实为成交异议，它既是成交的障碍，又是成交的信号。保险销售人员应认真分析各种客户拒绝成交的原因，运用相关的方法和技术促成交易。

> **特别提示**
>
> 尽管保险销售人员应该将促成购买决定视为提供帮助的一次机会,而不是一场战斗,但这并不能减弱促成购买决定的必要性。保险销售人员如果指望潜在客户主动要求签订保单,那他是注定要失望的。

第六节 洞见底蕴——保险合同的有关问题

一、保险合同的签订

保险合同的签订,是保险人(保险公司)和投保人(客户)双方之间的法律行为。签订合同的过程,即一方要约、一方承诺的过程,投保人与保险人在要约和承诺过程中,其法律地位也是互易的。在保险合同签订过程中,填写投保单的投保人就是要约人。投保人的要约,一经保险人承诺,保险合同即告签订。

二、保险合同的变更

保险合同在保险有效期内,保险当事人可以请求变更保险合同。这是因为,签订合同之初的很多情况发生了变化。保险合同的变更主要由以下两个方面(表5-8)。

表5-8 保险合同变更的两个方面

方面	说明
主体变更	保险合同的主体变更,包括保险人、投保人、被保险人、受益人等的变更
	以企业财产保险来说,当原投保企业发生合并或分立等变更后,保险合同的权利和义务应由变更后的企业享受或承担

续表

方面	说明
主体变更	以家庭财产保险来说，合同的被保险人死亡，保险合同一般继续有效，被保险人则变为财产继承人
	以人寿保险来说，受益人也是经常变更的，但需经被保险人同意，当然也有些国家从受益人的利益出发，规定受益人一经确定，不得变更
内容变更	内容变更是指保险合同除主体以外的其他约定事项，如保险金额、保险期间、保险标的位置等变更

三、保险合同的转让

（一）保险单的转让

保险单的转让，是指被保险人将其保险标的所有权转移时，保险单在一定条件下的转让。保险单是保险人和投保人签订的保险合同，是双方当事人表示意见一致的协议书。保险单不是保险标的的从属物，因而不能随保险标的所有权的转移而自动转移。在保险标的转移时，被保险人若要使标的的新的所有人继续保持保险关系，必须先书面通知保险人，经保险人同意并在保险单上批注后有效，否则，从保险标的所有者转移之时起保险关系终止。然而，在货物运输保险中，保险单或保险凭证可以不经保险人批准，而随货物所有权的转移而背书转让。

（二）保险单所发生的债权的转让

保险单所发生的债权，是指被保险标的在发生保险事故后，被保险人获得的请求保险人赔偿的权利。保险单所发生的债权的转让，是指被保险人可以自由地将上述债权自由地转让给任何第三人，而保险人无权干涉，如同债权人可以授权任何人请求债务人对债务的履行一样。

四、保险合同的终止

保险合同的终止有五种情况，如图 5-10 所示。

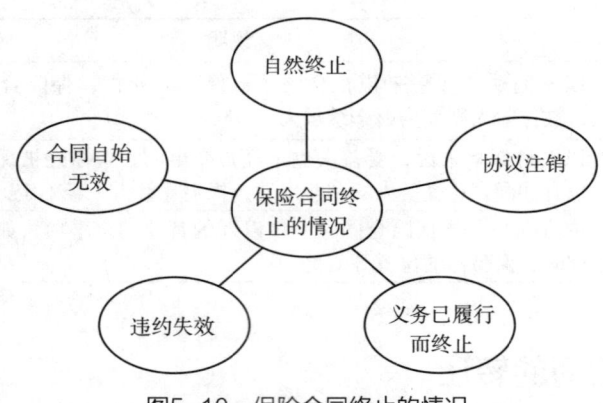

图5-10 保险合同终止的情况

（一）自然终止

保险合同的有效期届满时，保险人的保险责任即告终止。这是保险合同终止最普遍、最基本的原因。

（二）协议注销

保险合同在自然终止前，应合同一方的要求或出现了某些特定情况而导致的合同终止。一般条款中都规定，无论是投保人还是保险人要求注销合同，都必须提前若干天通知对方。若是投保人要求注销合同，保险人按短期费率计收保险费；若是保险人提出注销，保险费则按日计算退给投保人。

（三）义务已履行而终止

保险人已赔偿了全部赔款或给付了全部保险金后，保险责任便告终止。如财产保险发生保险事故，保险人赔款已达到保险金额，保险单终止效力；定期人寿保险的被保险人死亡，保险人给付受益人全部保险金额后，保险责任便告终止。

（四）违约失效

被保险人的行为违反了保险合同的基本要求，称为违约。被保险人违约，保险人可使保险合同失效，自失效之日起保险责任终止。

（五）合同自始无效

投保人以欺诈、隐瞒真实情况等手段，使保险人与之签订保险合同，当保险人知道真实情况时，保险合同应从投保时就视为无效。但是，长期人寿保险则属例外。这是因为，在长期人寿保险中，一般都规定两年后不否定条款，即从保险单签发之日起满两年后，保险人不得以被保险人投保时有意误告、漏告或隐瞒等行为而否定保险单的有效性，但投保人不按要求缴费除外。

> **特别提示**
>
> 保险合同决定着保险法律关系当事人的权利和义务。有效的保险合同可以使保险人和受益人在出险后如愿得到赔付；无效的保险合同只能使投保人和被保险人悔不当初，花钱买教训。因此，能否得到保险赔付和得到多少赔付，关键取决于保险合同能否成功签订。另外在签订、履行、变更和终止保险合同时，应本着诚实信用的原则，依法而行，这是维护自身合法权益的关键。

第六章 善始善终
——售后服务不可小觑

第一节　藕断丝连——和客户保持联系

客户签完保单，达成交易后并不意味着联系到此结束了，事实上任何情感都需要保险销售人员的悉心经营。试想，一位客户将会对他身边多少人产生影响：也许他会帮你带来 100 位潜在客户，也许他会从你身边带走 100 位客户。作为一名保险销售人员要想做好自己的保险事业，就必须重视与客户保持长期良好的关系，与其建立起感情。

与客户保持联系，可以加深保险销售人员在客户心中的印象，继续影响客户未来的购买行为。客户一旦需要再次购买或身边的亲人需要购买保险时，自然首先会想到与之关系融洽的保险销售人员。

现在发达的通信方式，让人与人之间的联系越来越方便。保险销售人员与客户保持长期联系的方法有很多，经常使用的有下面七种，如图 6-1 所示。

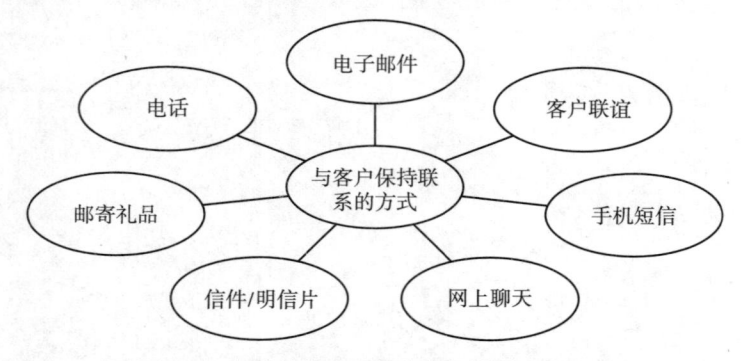

图6-1　保险销售人员与客户保持联系的方式

一、电话

电话联系是保险销售人员与客户保持联系的最常用的方法。打电话的目的需明确，比如了解客户是否收到资料，尽可能地通过提问方式，从客户处获取更多的信息。跟进电话应在开始对话时把这次与上次电话的要点和结果联系起来，让客户想起上次谈话的要点，如双方都做过的承诺等；同时，陈述这次电话的目的。打跟进电话给客户时，最好能有些新的、有价值的东西给客户，让客户感到每次通电话后都有所收获。

二、电子邮件

通过群发电子邮件，可以与所有的客户保持一种比较密切的联系，像节日问候和新保险产品的介绍等，都可以通过电子邮件完成。

很多公司都会制作公司简讯，每隔一段时间向自己的客户发送一封电子邮件，这样做的好处是不让那些暂时没有需求的客户忘记自己。这是通过电子邮件与客户保持接触的有效方式。当然，这样做必须注意几个问题，如图 6-2 所示。

◆发电子邮件之前，先征求客户的意见
◆选择简讯内容，最好是对客户有价值的信息
◆简讯制作要专业、醒目
◆简讯制作要体现公司的特色

发电子邮件联系客户必须注意的几个问题

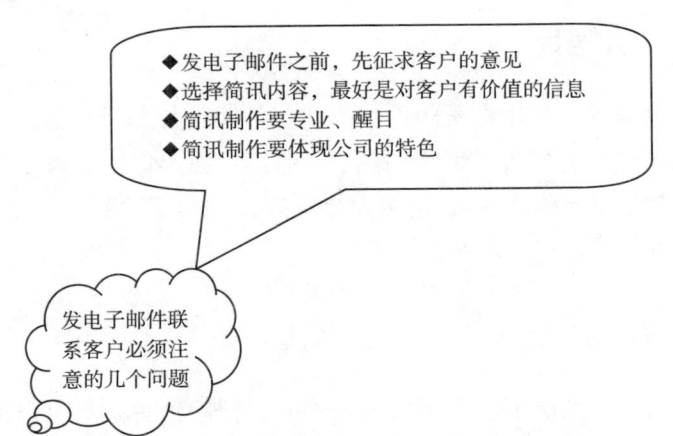

图6-2　发电子邮件联系客户要注意的问题

三、客户联谊

很多保险公司都成立了大客户俱乐部，定期举办各种主题的客户联谊活动，以进一步增强客户关系。这种方式特别适合那些以关系为导向的保险销售人员，同时也适合业务地域比较明显的行业，例如电信行业和金融行业等。现在越来越多的保险公司也开始采用这种方式了。

四、手机短信

随着手机的普及，短信也是一个比较好的与客户保持长期接触的方法。短信最常用的应用领域是节日问候和生日祝福等。在使用短信时，有一点要慎重使用，就是产品和服务介绍。当保险销售人员准备通过短信的方式向客户介绍产品或服务时，最好预先告诉客户。

五、网上聊天

QQ、微信等网络沟通工具，已经成为了很普遍的交流工具，这种交流工具为保险销售人员与客户的沟通提供了便利性，而且，也更容易让保险销售人员与客户通过聊天成为朋友。

六、信件/明信片

许多保险销售人员用电子邮件的方式代替明信片和手写信件，这种方式成本低、效率更高。但传统的手写信件/明信片在销售中有着不可估量的作用，因为现代人收到信件的数量在大幅下降，此时保险销售人员采用信件/明信片方式可以给客户与众不同的感觉。

七、邮寄礼品

在条件允许的情况下，在节假日来临时，保险销售人员可以给客户寄些实用的礼品，这是实施情感销售的一个必要环节。小小的礼品，不一定很昂贵，却能被客户立即接受。

特别提示

与客户交朋友，需时常与之保持联络，如果久未联系对方，关系自然会慢慢淡下去。不仅如此，因为客户和保险销售人员的经历不同，接触的人和事有差异，渐渐地会导致观念的改变。如果双方长期不进行沟通、交换新信息，双方观念的差距可能会变得越来越大。

所以，保险销售人员必须经常通过不同方式跟客户沟通，互相交换信息，倾听他们的抱怨和要求，这样才能维持双方持久的关系。

第二节 以己度人——恰当处理客户的抱怨

客户的抱怨反映了他们对服务的不满。在销售活动中，几乎各行各业的销售人员都会听到客户的抱怨。许多保险销售人员在接听投诉电话时，心里直敲退堂鼓，还有的保险销售人员在去见有不满情绪的客户的路上，会想："今天怎么这么倒霉……"然而，他们之中的许多人都没有意识到，客户的抱怨既可以是燃烧的火山，也可以是翻涌的油田，那里有着无限机会。因此，保险销售人员必须以正确的态度去处理客户的抱怨。

一、对客户抱怨应持有的态度

对客户抱怨应持有的态度如图6-3所示。

```
                ┌── 认真听取客户抱怨的态度
对客户抱怨 ─────┼── 对客户采取以诚相待的态度
应持有的态度    ├── 以客户的立场来解决问题
                └── 对待抱怨需有耐心
```

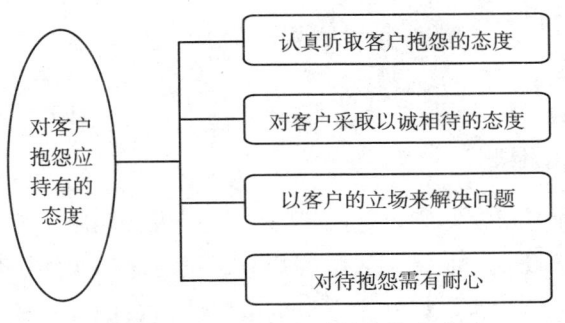

图6-3 对客户抱怨应持有的态度

（一）认真听取客户抱怨的态度

欢迎客户的抱怨是处理客户抱怨的基本态度，同时也是妥善处理抱怨的基本条件。

当客户产生抱怨时，不要一味地向客户解释或辩白，这样只会浪费时间，令客户更加反感。一般来说，任何人在情绪发泄后，常常会变得有理性。保险销售人员在听客户抱怨时，应不断地表示你是在认真听，不要流露出不耐烦的情绪，也不能打断客户的倾诉，要冷静，不要为自己辩白，不要急于下结论。首先要虚心接受客户的抱怨，紧接着应站在客户立场上对这种抱怨做深入的分析。

（二）对客户采取以诚相待的态度

在处理客户抱怨时，诚意是必备条件，它绝对是基本中的基本。处理客户抱怨是为了获得客户的理解和再度信任，如果客户感觉保险销售人员在处理抱怨时是没有诚意的，是在敷衍他，他极有可能会在外大肆宣传保险销售人员的服务不周。因此，当客户抱怨时，保险销售人员应以真诚的态度对待客户的抱怨，让客户因为自己的真诚而平息心头的怒火。

（三）以客户的立场来解决问题

客户抱怨一旦产生，心理上自然会强烈认为自己是对的。这时保险销售人员要虚心接受客户的抱怨，站在客户的立场上替客户考虑，即换位思考，认同他对公司及保险的看法。对于保险销售人员来说，换位思考是十分有效的销售利器。换位思考有利于销售的人性化。与客户进行换位思考，设身处地为客户着想，能敏锐地发现客户的独特需求，进而采取恰当的销售方式。这种因人制宜的销售，能产生强大的亲和力，能够给客户一次与众不同的销售体验，从而博得客户的好感。

（四）对待抱怨需有耐心

在实际处理客户抱怨中，保险销售人员需耐心地倾听客户的抱怨，不要轻易打断客户的叙述，而是要鼓励客户倾诉下去。当保险销售人员耐心地听完了客户的抱怨后，客户得到了发泄的满足，他就能够比较自然地听得进去保险销售人员的解释或道歉了。保险销售人员如果不能很有耐心地听完客户的抱怨，不能让客户发泄心中的不满，就很容易忽略客户抱怨的真正原因，并造成沟通上的障碍和困难。

在处理客户的抱怨时，要以"客户永远是对的"为首要原则，并秉持着"三心"的原则，即虚心受理，用心处理，耐心说明。客户的抱怨处理不当会产生一系列的后果，比如影响公司信誉和形象等。因此保险销售人员如果在处理客户的抱怨时，态度好一点、微笑甜一点、耐心多一点，客户就会多谅解保险销售人员一点，公司的美誉度就会高一点。保险销售本身就是一个从心做起、服务制胜的行业！

二、处理客户抱怨的四个步骤

客户抱怨有很多种类型，不同类型的客户抱怨处理起来复杂程度不同，方法也不同。有些客户抱怨，只需保险销售人员提高服务质量即可，而有些客户抱怨，则需要保险销售人员向客户提供补偿才能解决，当然补偿可能包括物质补偿与精神补偿。

保险销售人员应认识到，要想化解客户抱怨就必须在操作上有一个逻辑：首先在情绪、心理等方面转变客户的思想，然后再为客户提供某种服务保证，让客户心理上获得平衡，最后企业需改善或提高服务质量，或者在其他要素方面做出适应性调整，如价格、售后服务等方面，以获得客户满意。其实，在这个过程中有两个关键点：一是沟通，二是效率。沟通得越透，反应得越快，对保险销售人员就越有利。因此，建议保险销售人员采取以下四个技巧来化解客户的抱怨，见表6-1。

表6-1　化解客户抱怨的技巧

技巧	说明
淡化客户的抱怨	通过细致耐心的思想工作，让客户的情绪得以控制，愤怒得以舒缓，使客户抱怨不至于继续加重
找出客户抱怨的原因	搞清客户为什么抱怨，以及客户有哪些要求
仔细思考客户的抱怨	思考客户抱怨是否合理，是否有必要解决
及时解决抱怨	解决方案出台后，第一时间与客户进行沟通，并提供解决方案

三、处理客户抱怨时需注意的原则

处理客户抱怨的原则如图6-4所示。

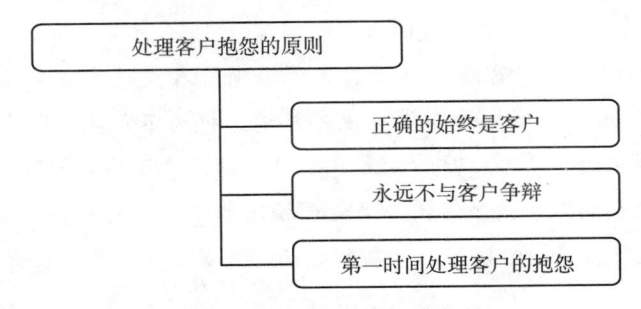

处理客户抱怨的原则
- 正确的始终是客户
- 永远不与客户争辩
- 第一时间处理客户的抱怨

图6-4　处理客户抱怨的原则

（一）正确的始终是客户

只有树立起"客户永远都正确"的观念，才能有平和的心态处理客户的抱怨，这包括三个方面的含义：有抱怨和不满的客户是对企业仍有期望的客户；对于客户抱怨行为应该给予肯定、鼓励和感谢，尽可能地满足客户的要求。

（二）永远不与客户争辩

由于客户的抱怨源于对保险销售人员提供的产品或服务的不满意，因此，从心理上说，抱怨的客户会觉得保险销售人员已经亏待了他。如果在处理抱怨时，保险销售人员态度恶劣，会让客户的心理感觉与情绪更差，甚至进一步恶化客户与保险销售人员的关系。因此，就算是客户的失误，保险销售人员也不能与之争辩，心中要始终存在这种观念：客户就是上帝，客户的话永远都是正确的。当客户抱怨时，往往带着极强的负面情绪，与客户争辩只会使事情变得更加复杂，使客户更加情绪化，导致事情恶化。争论的结果只能是，赢得了争辩，失去了客户及潜在市场。

（三）第一时间处理客户的抱怨

在处理客户抱怨的问题上，与通常的规律相反，时间拖得越长，客户的抱怨不但不会渐渐消减，反而会越积越大。既然客户已经产生抱怨，那就要及时处理，最好将问题迅速解决或至少表示有解决的诚意。拖延时间只会使客户的抱怨变得越来越强烈，使客户感到自己没有受到足够的重视，从而使客户的不满升级。

特别提示

客户之所以抱怨，客观上讲是因为保险销售人员没有在关键时刻提供优质的服务。因此，保险销售人员应把客户抱怨视为不花钱的信息源。保险销售人员应把握住这个机会，虚心向客户求教，请客户说明如何做才能让他们满意，这比保险销售人员请教任何知名管理顾问都重要。因为客户是直接的使用者、直接受益人或直接受害者，一般的顾问只是旁观者而已，并无亲身体验。

第三节 一枝独秀——创造独特的服务，赢得客户的喜欢

保险销售人员要想在激烈的竞争中取得优秀的业绩，就得用独特的服务去赢得客户，做到人无我有，人有我精，人精我专。通过独特的服务赢得客户，从根本上讲，就是要客户清楚自身的价值，让客户感受到你的热情，让他觉得你所做的一切，都是站在他的立场上为他着想的。

一名优秀的保险销售人员，必定是一个能为客户提供超值服务的保险销售人员，超值服务绝非是非盈利性的善举，而是通过超值服务，赢得客户信任，占有更大的市场份额。

一、风险规划与管理服务

风险规划和管理服务，包括帮助客户识别家庭风险和帮助企业识别风险两大部分。

（一）帮助客户识别家庭风险

人的一生随时都面临着各种各样的风险，这些风险的发生会危及人的身体和生命，造成生活的不便和经济上的困难。然而许多客户面对风险却熟视无睹，或者轻信风险事故不会落到自己头上，因此，他们对保险抱有一种负面的态度。保险销售人员需从客户的切身利益出发，本着对客户负责的态度，帮助其识别家庭风险，以寻求风险转移的对策。对每个家庭来说，可能遭遇的人身风险有四种，如图6-5所示。

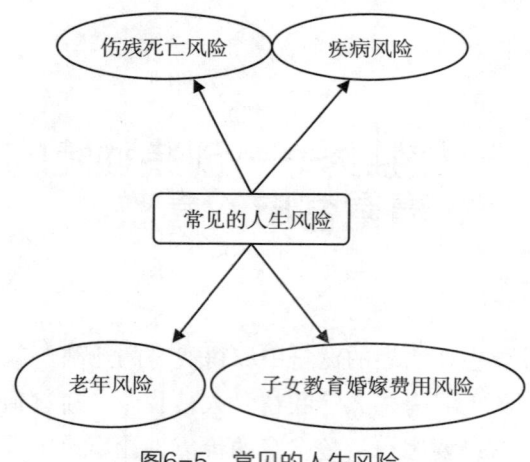

```
       伤残死亡风险      疾病风险


              常见的人生风险


       老年风险      子女教育婚嫁费用风险
```

图6-5　常见的人生风险

（二）帮助企业识别风险

保险销售人员的销售对象除了个体之外，就是企业集团。保险销售人员应深入到企业，根据企业提供的有关资料，利用适当的方法（常用的方法有生产流程分析法、资产财务分析法、风险列举法），协助企业进行风险识别。在风险识别过程中，保险销售人员应注意的要点如图6-6所示。

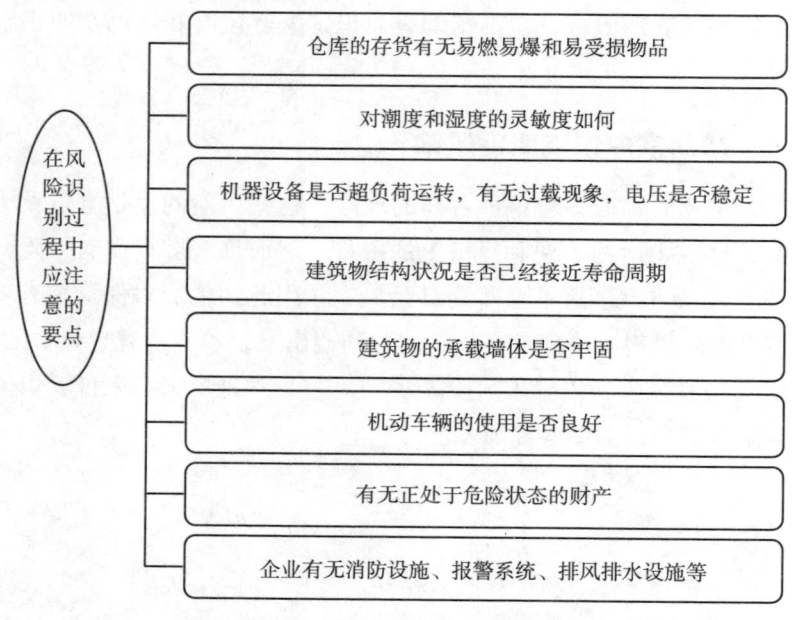

```
                ┌── 仓库的存货有无易燃易爆和易受损物品
                │
                ├── 对潮度和湿度的灵敏度如何
                │
在风险识别        ├── 机器设备是否超负荷运转，有无过载现象，电压是否稳定
过程中应         │
注意的要点 ──────┼── 建筑物结构状况是否已经接近寿命周期
                │
                ├── 建筑物的承载墙体是否牢固
                │
                ├── 机动车辆的使用是否良好
                │
                ├── 有无正处于危险状态的财产
                │
                └── 企业有无消防设施、报警系统、排风排水设施等
```

图6-6　在风险识别过程中应注意的要点

二、风险防范

在风险识别之后,接下来的任务就是帮助客户和企业选择风险防范措施。

(一)帮助客户做好家庭财务规划

人生不同阶段家庭经济所表现出的规律不同,从一个人的生命旅途看,其各阶段的划分和经济侧重点见表6-2。

表6-2 人生不同阶段的规划

人生阶段	说明
成长期	这段时期作为被抚养人口没有收入,其生活和学习费用基本上由父母负担
青年期	参加工作有收入,且收入逐渐增多。这个年龄段结婚费用成为支出中的最大项目,也是应该提前筹措的项目。随着孩子的出生,家庭开支迅速增加
中年期	这是一生中财务压力最大和承担责任最重的阶段。既要为子女上学承担教育费用,又要为拥有自己的住房积累资金,同时还要兼顾家庭日常生活
后中年期	这是个人事业和收入的高峰期,也是又一轮支付的高峰期,一切看来就绪后,孩子已到谈婚论嫁的年龄了
老年期	一切应尽的责任完成后,已经是人老体衰了,从劳动人口变为被抚养人口,医疗费用和养老金开始进入生活

保险销售人员的主要任务就是帮助客户特别是那些一家之主,放眼未来,早做打算,制定出具体的家庭财务规划。首先应进行资料的收集与整理,资料包括客户的职业、职位、家庭收入、家庭成员、遇到困难一般的处理办法、子女教育结婚计划、目前享受的福利与保障、有无重大开支计划等。然后,进行家庭财务规划,包括计算全家日常开销、购房基金、子女教育金、应急基金、晚年养老费用,等等。

(二)帮助企业进行风险防范

从企业的角度看,进行风险处理无非两种方法:一是风险避免,二是风险转移。风险避免就是对某项风险直接设法避免,例如改变生产流程、改变生产地点等。风险转移就是以一定的代价把风险转移出去。确定是否将风险转移出去,保险销售人员的服务也正体现在这里。

三、附加价值服务

附加价值服务是保险公司对公司或个人提供的与保险保障无直接关系的服务。作为保险服务的一部分，在日益激烈的保险竞争中，附加价值服务越来越显示出其重要性。一是由于它服务面广，在社会上影响广泛；二是服务内容新颖、富有创意，具有出奇制胜的功效；三是能有效地加强保险人员与社会各方面的联系，沟通相互感情，树立公司的良好形象。附加价值服务的内容有九个方面，见表6-3。

表6-3　附加价值的内容

服务内容	具体说明
保险赞助活动	保险公司以不计报酬的捐款形式，出资支持某项或某种社会公益活动。如赞助体育运动、赞助社会公益事业、赞助文化活动，等等
联谊活动	保险公司举办联谊会有助于协调融洽与各方面的关系
急难救助卡	这是一种保险与服务结合为一体的活动，是将一般事后理赔服务往前延伸为事故发生时的立即援助
客户卡	以客户为对象发放的消费优惠卡：保险公司事先与银行、百货商场以及酒店、各种娱乐场所等达成共识，持卡客户在这些场所消费时凭卡可享受优惠
客户子女奖学金	可定期举行颁发客户子女奖学金的活动，奖励那些考上重点名牌大学和考上研究生的客户子女，以此激励优良学风，满足客户在选择保险公司时的消费攀比心理
少儿绘画书法大赛	主要针对客户的子女，选择有意义的日子开展这项活动
承诺服务	公布承诺内容，提供优质服务，接受公众监督。承诺服务是保险销售人员挑战自我的重要制度；承诺范围包括展业、出单、撤保、变更、理赔等方面。承诺可通过社会媒体进行，也可以通过联谊会、洽谈会进行
契约保全	保险公司为维护已生效保单的持续有效而进行的一系列服务，具体表现为保险合同变更的处理
咨询与申诉服务	建立咨询与申诉制度。当客户通过电话专线或亲自来访等途径向保险公司进行投保前咨询、保单变更、理赔情况查询时，保险公司有关人员要据实做好登记，并通过电脑或在相关部门帮助下立即向客户做出答复

> **特别提示**
>
> 有一位营销专家说：售后服务才是销售的开始。这一观点明确表明售后服务是销售之本，离开了售后服务，销售就是无本之木，无源之水。售后服务是影响销售业绩的关键因素，销售增长的速度取决于售后服务的完善程度。
>
> 现在的消费者已经将售后服务作为一个商品的附加价值来衡量，甚至把它作为购买决策的一个重要砝码。如果某个商品不能提供售后服务，客户一般不会将其作为首要考虑对象；如果两个价格相当的同类保险产品，客户会优先考虑购买提供售后服务或者售后服务优秀的那种保险产品。

第四节 互利互惠——实现双赢是售后服务的本质

售后服务在保险销售中的作用是很重要的，在整个销售过程中占的比例大概为60%~70%。售后服务做得好，就会在客户群中形成良好的印象，而良好的印象则可以为保险销售人员带来巨大的潜在市场。俗话说"金杯银杯，不如客户的口碑"。如果售后服务不到位，引起了客户的反感，那么这个客户不仅不会投保，还会把这种负面信息传递给身边的人，就会对保险销售人员的展业前途造成很大的伤害。反之，良好的口碑经过"口耳相传"，其积极作用也是非常显而易见的。

售后服务事业的宗旨是分享和双赢。保险销售人员只有站在双赢的角度思考问题，销售之路才会越走越宽。所以保险销售人员在做售后服务的时候，也应站在双赢的角度，在考虑自身利益的同时，考虑客户的利益，只有做到互惠互利，才能把保险销售搞好。因此，保险销售人员应做好以下几个方面的售后服务（图6-7）。

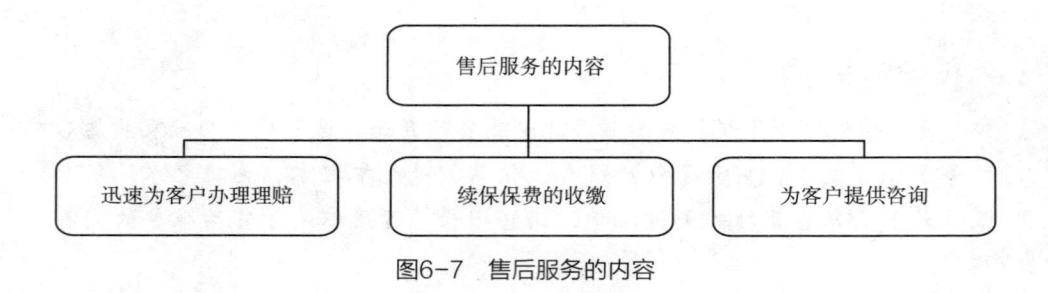

```
         售后服务的内容
    ┌────────┬────────┐
迅速为客户   续保保费    为客户提供咨询
办理理赔    的收缴
```

图6-7　售后服务的内容

一、迅速为客户办理理赔

这是保险售后服务中最重要的内容。对于投保的客户而言，发生了意外事故，能够得到保险公司迅速、准确、合理、公平的赔偿，是他们投保的主要目的之一；而对于保险销售人员来说，能够把理赔款及时送到客户手中，是体现保险精神、塑造保险公司良好公众形象的最佳途径。

二、续保保费的收缴

保险销售人员一般会提前一个月或更长时间，向客户寄发催缴保费的通知单。在通知单上，一般会注明保单的号码、应缴的保费和缴款的方式。特殊情况下，保险销售人员会亲自上门收取保费。

就客户这方面，保险销售人员应该提醒客户不要办完保险，就把保单仍在一边，不再关心。到了缴费期，也可以主动打电话询问保险销售人员，以了解缴费的确切日期以及其他的情况，及时缴费，以免保单失效。

三、为客户提供咨询

当客户需要购买新险种，需要了解更多有关保险的知识和情况，需要向保险销售人员进行咨询时，保险销售人员要及时、正确地解答客户的疑问。

当客户对保单内容、保险条款理解不清，或对自己投保有关系的其他问题有疑问，可通过向保险销售人员进行咨询弄清楚，保险销售人员有义务耐心详细地为客户讲解，直到客户清楚为止。

当保险销售人员提供的优质服务使客户非常满意时，这些客户会为保险销售人员带来更多的客户，这就是推销界前辈坎多尔弗所谓的"滚雪球效应"。雪球的核心就是保险销售人员最开始提供服务的客户，这些客户对保险销售人员越满意，这个雪球的关系就越牢固，雪球的凝聚力就越强，就会越滚越大。

特别提示

在今天保险竞争日趋激烈的市场中，保险销售人员必须明白"销售就是服务"。服务是以质为重，而不是以量取胜，即使百分之一的次品，对客户来说也是百分之百的灾难；对客户以礼相待不是古板，也不是形式，而是销售活动中不可或缺的润滑剂；销售前的恭维不如销售后的服务，这是制造永久客户的永恒法则。

第五节 高垒深沟——加强对客户关系的管理

客户关系管理是指为了了解和把握直接和间接客户的基本情况，巩固原有客户，争取新客户，保险销售人员通过规范的程序和方法，及时反映和掌握客户信息，从而掌握庞大稳定的客户群。客户关系管理主要包括客户开发、客户信息管理和客户关系维护三个方面。保险销售人员的客户关系管理系统应该包括保险销售员的直接客户与间接客户。

一、客户关系管理的对象

客户关系管理的对象主要按照四个维度划分，见表6-4。

表6-4　客户关系管理的对象

管理对象	具体说明
按时间划分	包括未来客户、新客户和老客户。保险销售人员一般应以老客户和新客户为重点管理对象
按客户性质划分	购买团险的机构、公司和单一的客户
按购买过程划分	包括即将购买保险的客户和购买过保险的客户
	对于第一类客户，管理的重点是全面搜集和整理客户资料，为即将展开的交易业务准备资料
	对于第二类客户，不能因为交易结束而中断联系
按购买保额大小划分	可分为主力客户和一般客户

二、客户关系管理应遵循的原则和内容

（一）客户关系管理的原则

客户关系管理一般应遵循四个原则，如图 6-8 所示。

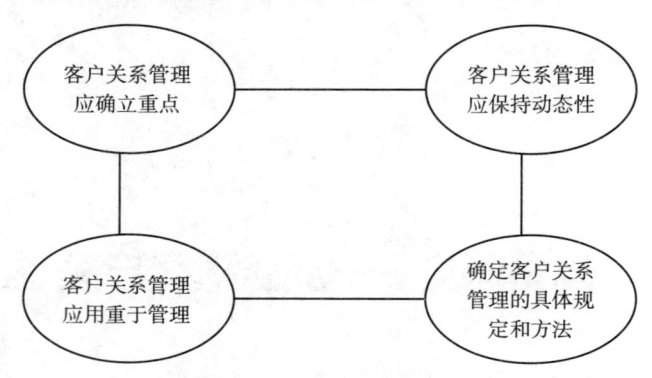

```
客户关系管理          客户关系管理
应确立重点            应保持动态性

客户关系管理          确定客户关系
应用重于管理          管理的具体规
                     定和方法
```

图6-8　客户关系管理的原则

（二）客户关系管理的内容

客户关系管理归纳起来有四项内容，见表 6-5。

表6-5　客户关系管理内容

内容	具体说明
基础资料	客户的姓名、地址、电话
	客户的性格、兴趣、爱好、家庭、学历、年龄、能力
	购买保险产品的时间，所在公司的组织形式、业种、资产
客户特征	包括所有业务区域、购买能力、发展潜力、购买特点
合作状况	包括客户素质、人际关系、与保险销售人员的业务关系及合作态度等
交易现状	包括客户购买保险产品的现状、将保持的优势、信用状况等方面

三、客户关系管理的目标

客户关系管理的目标有四种，见表 6-6。

表6-6　客户关系管理的目标

管理目标	解释
提高客户满意度	客户满意度是指客户对保险公司、保险销售人员以及保险产品的满意程度
提高客户忠诚度	客户忠诚是指客户满意后而产生的对某种险种品牌或公司的信赖、维护和希望重复购买的一种心理倾向
提高客户保留度	客户保留度是指客户在与保险销售人员进行初次交易之后继续向其购买保险险种、服务的程度
提高客户贡献度	客户贡献度也称为客户利润贡献度,是指客户对保险公司利润的贡献程度。客户终身的贡献度包括现有的贡献以及潜在的贡献

特别提示

保险行业的市场竞争日趋激烈,这不仅仅体现在保险销售人员数量的增加,还来自相关替代行业的综合销售和保险公司内部的综合开拓。能否为客户贴身服务及满足客户的实际需求,不仅是每家保险公司面临的现实问题,也是每个保险销售人员在处理客户关系时所面临的最大问题。

第七章 锐意进取
——开拓更多客户资源

第一节　高掌远跖——客源决定你的业绩

一、开拓客户的重要性

对于保险销售人员而言，客户就是生存发展的源泉。保险销售人员必须将客户开拓组织化、系统化，如此才能在一段时间后，收获丰硕的业绩成果。

基于以上原因，下面我们将从两个方面具体分析客源开拓的重要性。

（一）客户是保险销售人员的"衣食父母"

世界著名推销专家乔·吉拉德整日带着一堆名片到处分发，曾经创下一星期递出500张名片的记录。他的目的是随时随地寻找潜在客户。调查表明，许多保险销售人员离职的最主要原因是开拓的客户数量少，可见，客户的多少决定保险销售人员销售事业的成败。所以，对客户的开拓工作应是一种持续性的行为。保险销售人员只有不断开拓新客户，才能不断扩大自己的客户群，不断增加自己的财源，为自己的成功之途奠定基础。

（二）客户是保险销售人员的立足之本

保险销售人员的经营对象就是客户，而客户从某种意义上完全可以说是保险销售人员的立足之本。客户开拓是保险销售人员从事保险销售，并走向成功的起点，也是其争创业绩与挣得丰厚收入的第一步。可以说，保险销售人员有能力开拓越多的客户就意味着越富有。

二、客户资格的审查

客户资格的审查，即是保险销售人员根据自己所代理的保险险种、费率及其他特性，对潜在客户进行全面衡量和评价，以确定客户是否具有投保资格。潜在客户是指可能购买保险的客户，但并非人人都是可能购买的客户，潜在的保险客户必须具备六个条件，如图7-1所示。

```
                潜在保险客户必须具备的条件
        ┌──────────────┬──────────────┐
   有保险需要的人              有决定权的人
   付得起保费的人              易于接受保险的人
   具有保险利益的人            能通过公司核保的人
```

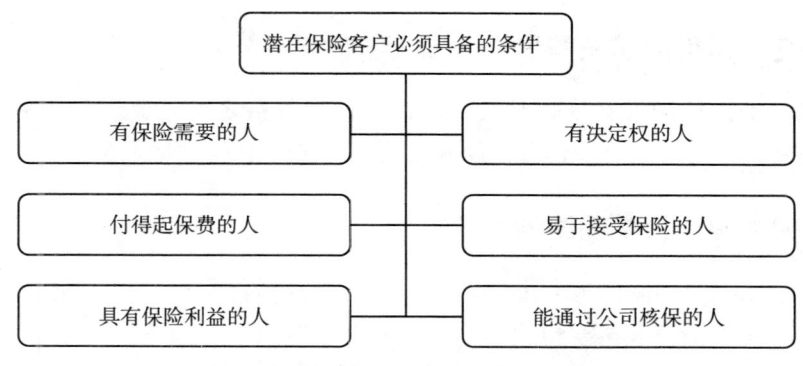

图7-1　潜在保险客户必须具备的条件

（一）有保险需要的人

一般而言，有保险需要的人都可以成为保险销售人员的客户，这类人主要分为四种，见表7-1。

表7-1　有保险需要的人群

有保险需要的人群	说明
经商者	一般有着丰厚的收入，但不能保证日后仍然是财源滚滚。他们可能会在年轻力壮能挣大钱的时候购买保险，以便为家人保存资产
年逾四十者	购买保险，以筹措养老资金，或者保障家人在主要财务来源断绝后仍能维持生活
新婚夫妇	他们可能需要购买保险，以便在自己遭遇不幸时，能保障心爱之人的幸福生活
初为父母的人	可能需要购买保险，以便为孩子的将来铺路架桥，留下可观的教育费、婚嫁费等

（二）有决定权的人

每个人都有拥有某种保险的需要，特别是寿险。但并非是每个人都有资格得到保险。除了有购买保险的需要，他还必须是有决定权的人，观察一下保险的购买过程，不难发现常常会有这种现象：保险的决策者、购买者、使用者、影响决策者，往往不是同一个人。以少儿教育保险为例，妈妈可能是决策者，爸爸可能是购买者，孩子是保险的获得者。在这个家庭，妈妈是具有决定权的人，也正是保险销售人员需说服的对象。

（三）付得起保费的人

保险是一种先投资后收益的活动，客户在收益之前先要付出一大笔钱，客户的家庭经济情况对于客户投什么保险、金额多少有很大影响。

（四）易于接受保险的人

对于保险，不同的人有不同的观点。有些人对保险存有很大偏见，对于这类人，保险销售人员要想说服他们很难。有些人对保险本身没有偏见，只是对保险销售这种性质的工作有偏见，对保险销售人员更有偏见，认为其完全是为了拿高额提成而做保险工作的。但综合起来，在一定程度上此类人还是乐于接受保险的。另外，一些身居要职的人，他们自知自己需要保险，并且他们需要的保障都较大、较全，金额也较高，但由于这类人的特殊身份，及其综合素质都很高，一般的保险销售人员很难接近他们。这就要求保险销售人员必须严于律己，不断充实自己，提高综合素质，才能与其建立起共同语言，最终拿下大单。

（五）具有保险利益的人

并不是任何人都可以成为保险保障的对象，只有具有保险利益的人才能成为合格的客户。所谓保险利益，是指投保人对保险标的具有法律上承认的利益。

（六）能通过公司核保的人

人寿保险作为大家都关心的一种保险，是以人的生命和身体作为保险对象的一种保险，它是以人的生、老、病、死、残为保险对象的保险。寿险的最大特点就是保险对象的独特性。也就是说，人寿保险所承保的死亡危险随着年龄的增长而增大，健康体和非健康体都存在，一般危险和职业危险并存。因此为了维护各被保险个体之间的公平性，计算出公平合理的费率，对于具有较高危险因素的被保险人，必须依其危险程度的大小让其交付更多的保费，使各个保险个体之间增加公平性，不因某一个体危险因素高，而损害其他被保险个体的利益。

> **特别提示**
>
> 客户是保险销售人员的宝贵资源，保险销售人员的目标就是寻找客户，销售保险。客户的开拓，是保险销售人员的重中之重。要想客户源源不断，就必须掌握一定的销售技巧，才能成为保险销售界的精英。

第二节 再接再厉——高额保单客户开拓

对于保险销售人员来说，提高销售业绩最快捷的途径是销售高额保单。销售高额保单，还可以帮助保险销售人员迅速提升销售技巧。要想获得高额保单，就要求保险销售人员必须掌握娴熟的销售技巧，丰富的知识和经验。

一、开拓高额保单客户的方法

（一）有钱人士的推荐

采用这种方法，首先要想办法结识一批有钱人士，设法使他们成为你的朋友，让他们了解你，认识你的专业，并让他们清楚你的专长将会有效保障他们的利益。然后，再由他们把你推荐给他们的朋友。

通常而言，有钱人士是下面七种类型的人，如图7-2所示。

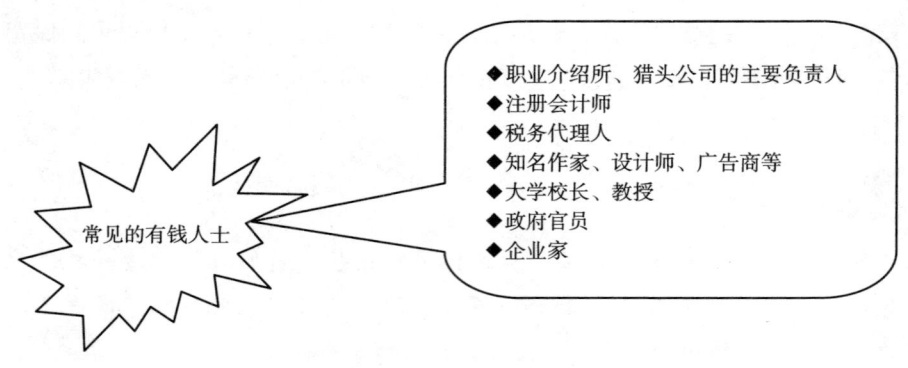

常见的有钱人士:
- ◆ 职业介绍所、猎头公司的主要负责人
- ◆ 注册会计师
- ◆ 税务代理人
- ◆ 知名作家、设计师、广告商等
- ◆ 大学校长、教授
- ◆ 政府官员
- ◆ 企业家

图7-2　常见的有钱人士

（二）现有客户的推荐

如果保险销售人员的现有客户已累积到一定量，那么他一定能通过现有客户的推荐，开拓高额保单客户。

二、开拓高额保单客户的技巧

开拓高额保单客户的技巧有五种，见表7-2。

表7-2　开拓高额保单的技巧

技巧	具体说明
从理财的角度和有钱人谈保险	有钱人因为有钱，所以他们更需要有效的理财计划。所以，保险销售人员在制定建议书时，应当根据银行的利率、保险费率的变动规律，准确制定财务评估报告，使其清楚地了解财务的现状和未来发展趋势
替客户设计保单宜高不宜低	假设客户保险金额定为50万元，那么在设计建议书时，保险销售人员应把保险金额定为100万元，让客户有杀价的机会，同时也是为自己的退让留下余地
用适当的方法引发客户的兴趣	以免费为客户做体检为由，引起客户的兴趣，比较容易使客户接受高额保单的建议
最好选缴费期限较长的种类	缴费期限长，那么每次缴纳的费用便相对少些。同时即使是相同的保费，也可以增加保额
减轻客户的压力，保额化大为小	高额保单的保险数目较大，根据客户的消费心理，应当将大数化解为若干小数，这样更容易让人接受

特别提示

高端客户选择保险时，一方面，由于他们选择的保额较高，所以会更加慎重；另一方面，这些人素质较高，具有良好的理财知识，他们会要求为其服务的保险销售人员必须有较高素质，知识渊博，且是真正的理财专家，这两方面都要求保险销售人员必须在平时努力积累知识，对投资理财方面更需详细了解，以便给高端客户提供专业的保险建议。